U0115940

康有為評傳

總　序

中華學術，源遠流長。春秋戰國時期，諸子並起，百家爭鳴，呈現了學術思想的高度繁榮。兩漢時代，經學成為正統；魏晉之世，玄學稱盛；隋唐時代，儒釋道三教並尊；到宋代而理學興起；迨及清世，樸學蔚為主流。各個時代的學術各有特色。綜觀周秦以來至於近代，可以說有三次思想活躍的時期。第一次為春秋戰國時期，諸子競勝。第二次為北宋時代，張程關洛之學、荊公新學、蘇氏蜀學，同時並興，理論思維達到新的高度。第三次為近代時期，晚清以來，中國遭受列強的凌侵，出現了空前的民族危機，於是志士仁人、英才俊傑莫不殫精積思，探索救亡之道，各自立說，期於救國，形成中國學術思想史上的第三次眾說競勝的高潮。

試觀中國近代的學風，有一顯著的傾向，即融會中西。近代以來，西學東漸，對於中國學人影響漸深。深識之士，莫不資西學以立論。初期或止於淺嘗，漸進乃達於深解。同時這些學者又具有深厚的舊學根柢，有較高的鑑別能力，故能在傳統學術的基礎之上汲取西方的智慧，從而達到較高的成就。

試以梁任公（啟超）、章太炎（炳麟）、王靜安（國維）、陳寅恪四家為例，說明中國近代學術融會中西的學風。梁任公先生嘗評論自

己的學術云：「康有為、梁啟超、譚嗣同輩……欲以構成一種不中不西即中即西之新學派……蓋固有之舊思想既根深蒂固，而外來之新思想又來源淺觳，汲而易竭，其支絀滅裂，固宜然矣。」（《清代學術概論》）所謂「不中不西即中即西」正表現了融合中西的傾向，不過梁氏對西學的瞭解不夠深切而已。梁氏自稱「適成為清代思想史之結束人物」，這未免過謙，事實上梁氏是近代中國的一個重要的啟蒙思想家，誠如他自己所說「為《新民叢報》、《新小說》等諸雜誌……二十年來學子之思想頗蒙其影響……其文條理明晰，筆鋒常帶感情，對於讀者別有一種魔力焉」。梁氏雖未能提出自己的學說體系，但其影響是深巨的。他的許多學術史著作今日讀之仍能受益。

　　章太炎先生在《菿漢微言》中自述思想遷變之跡說：「少時治經，謹守樸學……及囚系上海，三歲不覿，專修慈氏世親之書……乃達大乘深趣……既出獄，東走日本，盡瘁光復之業，鞅掌餘間，旁覽彼土所譯希臘德意志哲人之書……凡古近政俗之消息、社會都野之情狀，華梵聖哲之義諦、東西學人之所說……操齊物以解紛，明天倪以為量，割制大理，莫不孫順。」這是講他兼明華梵以及西哲之說。有清一代，漢宋之學爭論不休，章氏加以評論云：「世故有疏通知遠、

好為玄談者，亦有言理密察、實事求是者，及夫主靜主敬、皆足澄心……苟外能利物，內以遣憂，亦各從其志爾！漢宋爭執，焉用調人？喻以四民各勤其業，瑕釁何為而不息乎？」這是表示，章氏之學已超越了漢學和宋學了。太炎更自讚云：「自揣平生學術，始則轉俗成真，終乃回真向俗……秦漢以來，依違於彼是之間，偪促於一曲之內，蓋未嘗睹是也。乃若昔人所謂專志精微，反致陸沉；窮研訓詁，遂成無用者，餘雖無腆，固足以雪斯恥。」太炎自負甚高，梁任公引此曾加評論云：「其所自述，殆非溢美。」章氏博通華梵及西哲之書，可謂超越前哲，但在哲學上建樹亦不甚高，晚歲又回到樸學的道路上了。

王靜安先生早年研習西方哲學美學，深造有得，用西方美學的觀點考察中國文學，獨闢蹊徑，達到空前的成就。中年以後，專治經史，對於殷墟甲骨研究深細，發明了「二重證據法」，以出土文物與古代史傳相互參證，達到了精確的論斷，澄清了殷周史的許多問題。靜安雖以遺老自居，但治學方法卻完全是近代的科學方法，因而取得卓越的學術成就，受到學術界的廣泛稱讚。

陳寅恪先生博通多國的語言文字，以外文資料與中土舊籍相參

證，多所創獲。陳氏對於思想史更有深切的睿見，他在對於馮友蘭《中國哲學史》的《審查報告》中論儒佛思想云：「佛教學說，能于吾國思想史上發生重大久遠之影響者，皆經國人吸收改造之過程。其忠實輸入不改本來面目者，若玄奘唯識之學，雖震動一時之人心，而卒歸於消沉歇絕……在吾國思想史上……其真能于思想上自成系統，有所創獲者，必須一方面吸收輸入外來之學說，一方面不忘本來民族之地位。」這實在是精闢之論，發人深思。陳氏自稱「平生為不古不今之學，思想囿于咸豐同治之世，議論近乎曾湘鄉張南皮之間」，但是他的學術成就確實達到了時代的高度。

此外，如胡適之在文化問題上傾向於「全盤西化論」，而在整理國故方面作出了多方面的貢獻。馮友蘭先生既對於中國哲學史進行了系統的闡述，又於40年代所著《貞元六書》中提出了自己的融會中西的哲學體系，晚年努力學習馬克思主義，表現了熱愛真理的哲人風度。

胡適之欣賞龔定庵的詩句：「但開風氣不為師。」熊十力先生則以師道自居。熊氏戞戞獨造，自成一家之言，讚揚辯證法，但不肯接受唯物論。馮友蘭早年擬接續程朱之說，晚歲歸依馬克思主義唯物

論。這些大師都表現了各自的特點。這正是學術繁榮，思想活躍的表現。

　　百花洲文藝出版社有鑒於中國近現代國學大師輩出，群星燦爛，構成中國思想史上第三次思想活躍的時代，決定編印《國學大師叢書》，以表現近代中西文明衝撞交融的繁盛景況，以表現一代人有一代人之學術的豐富內容，試圖評述近現代著名學者的生平及其學術貢獻，凡在文史哲任一領域開風氣之先者皆可入選。規模宏大，意義深遠。編輯部同仁建議我寫一篇總序，於是略述中國近現代學術的特點，供讀者參考。

張岱年

1992年元月，序於北京大學

重寫近代諸子春秋

《國學大師叢書》在各方面的關懷和支持下，就要陸續與海內外讀者見面了。

當叢書組編伊始（1990年冬）便有不少朋友一再詢問：為什麼要組編這套叢書？該叢書的學術意義何在？按過去理解，「國學」是一個很窄的概念，你們對它有何新解？「國學大師」又如何劃分？……作為組織編輯者，這些問題無疑是必須回答的。當然，回答可以是不完備的，但應該是明確的。現謹在此聊備一說，以就其事，兼謝諸友。

一、一種闡述：諸子百家三代說

中華學術，博大精深；中華學子，向以自強不息、厚德載物之精神著稱於世。在源遠流長的中國學術文化史上，出現過三個廣開風氣、大師群起的「諸子百家時代」。

第一個諸子百家時代，出現在先秦時期。那時，中華本土文化歷經兩千餘年的演進，已漸趨成熟，老莊、孔孟、楊墨、孫韓……卓然穎出，共同為中華學術奠定了長足發展的基脈。此後的千餘年間，漢儒乖僻、佛入中土、道教孳生，中華學術於發展中漸顯雜陳。宋明時

期，程朱、陸王……排漢儒之乖、融佛道之粹、倡先秦之脈、興義理心性之學，於是，諸子百家時代再現。降及近代，西學東漸，中華學術周遭衝擊，文化基脈遇空前挑戰。然於險象環生之際，又一批中華學子，本其良知、素養，關注文化、世運，而攘臂前行，以其生命踐信。正所謂「鐵肩擔道義，妙手著文章」，康有為、章太炎、嚴復、梁啟超、王國維、胡適、魯迅、黃侃、陳寅恪、錢穆、馮友蘭……他們振民族之睿智，汲異域之精華，在文、史、哲領域篳路藍縷，於會通和合中廣立範式，重開新風而成績斐然。第三個諸子百家時代遂傲然世出！

《國學大師叢書》組編者基於此，意在整體地重現「第三個諸子百家時代」之盛況，為「第三代」中華學子作人傳、立學案。叢書所選對象，皆為海內外公認的學術大師，他們對經、史、子、集博學宏通，但治學之法已有創新；他們的西學造詣令人仰止，但立術之本在我中華從而廣開現代風氣之先。他們各具鮮明的學術個性、獨具魅力的人品文章，皆為不同學科的宗師（既為「經」師，又為人師），但無疑地，他們的思想認識和學術理論又具有其時代的共性。以往有過一些對他們進行個案或專題研究的書籍面世，但從沒有對他們及其業

績進行過集中的、整體的研究和整理，尤其未把他們作為一代學術宗師的群體（作為一個「大師群」）進行研究和整理。這批學術大師多已作古，其學術時代也成過去，但他們的成就惠及當今而遠未過時。甚至，他們的一些學術思想，我們至今仍未達其深度，某些理論我們竟會覺得陌生。正如第一代、第二代「諸子百家」一樣，他們已是中華學術文化傳統的一部分，研究他們，也就是研究中國文化本身。

對於「第三代諸子百家」及其學術成就的研究整理，我們恐怕還不能說已經充分展開。《國學大師叢書》的組織編輯，是一種嘗試。

二、一種觀念：一代人有一代人之學術

縱觀歷史，悉察中外，大凡學術的進步不能離開本土文化基脈。但每一代後起學子所面臨的問題殊異，他們勢必要或假古人以立言、或賦新思於舊事，以便建構出無愧於自己時代的學術。這正是「自強不息、厚德載物」之精神在每一代學子身上的最好體現。以上「三代」百家諸子，莫不如是。《國學大師叢書》所沿用之「國學」概念，亦當「賦新思於舊事」而涵注現時代之新義。

明末清初，王（夫之）、顧（炎武）、黃（宗羲）、顏（元）四傑

繼起，矯道統，斥宋儒，首倡「回到漢代」，以表其「實學實行實用之天下」的樸實學風，有清一代，學界遂始認「漢學」為地道之國學。以今言之，此僅限「國學」於方法論，即將「國學」一詞限於文字釋義（以訓詁、考據釋古文獻之義）之範疇。

《國學大師叢書》的組編者以為，所謂國學就其內容而言，系指近代中學與西學接觸後之中國學術，此其一；其次，既是中國學術便只限于中國學子所為；再次，既是中國學子所為之中國學術，其方式方法就不僅僅限於文字（考據）釋義，義理（哲學）釋義便也是題中應有之義。綜合起來，今之所謂國學，起碼應拓寬為：近代中國學子用考據和義理之法研究中國古代文獻之學術。這些文獻，按清代《四庫全書總目》的劃分，為經、史、子、集四部。經部為經學（即「六經」，實只五經）及文字訓詁學；史部為史志及地理志；子部為諸子及兵、醫、農、曆算、技藝、小說以及佛、道典籍；集部為詩、文。由此視之，所謂「國學家」當是通才。而經史子集會通和合、造詣精深者，則可稱為大師，即「國學大師」。

但是，以上所述仍嫌遺漏太多，而且與近現代學術文化史實不相吻合。國學，既是「與西學接觸後的中國學術」，那麼，這國學在內

涵上就不可能，也不必限於純之又純的中國本土文化範圍。尤其在學術思想、學術理論的建構方式上，第三代百家諸子中那些學貫中西的大師們，事實上都借用了西學，特別是邏輯分析和推理，以及與考據學有異曲同工之妙的實證方法，還有實驗方法、歷史方法，乃至考古手段……而這些學術鉅子和合中西之目的，又多半是「賦新思於舊事」，旨在建構新的學術思想體系，創立新的學術範式。正是他們，完成了中國學術從傳統到現代的轉型。我們今天使用語言的方式、思考問題的方式……乃得之於斯！如果在我們的「國學觀念」中，將他們及其學術業績排除在外，那將是不可理喻的。

至此，《國學大師叢書》之「國學」概念，實指：近代以降中國學術的總稱。「國學大師」乃「近現代中國有學問的大宗師」之意。因之，以訓詁考據為特徵的「漢學」，固為國學，以探究義理心性為特徵的「宋學」及兼擅漢宋者，亦為國學（前者如康有為、章太炎、劉師培、黃侃，後者如陳寅恪、馬一浮、柳詒徵）；而以中學（包括經史子集）為依傍、以西學為鏡鑑，旨在會通和合建構新的學術思想體系者（如梁啟超、王國維、胡適、熊十力、馮友蘭、錢穆等），當為更具時代特色之國學。我們生活在90年代，當取「一代人有一代人

之學術」（國學）的觀念。

《國學大師叢書》由是得之，故其「作人傳、立學案」之物件的選擇標準便相對寬泛。凡所學宏通中西而立術之本在我中華，並在文、史、哲任一領域開現代風氣之先以及首創新型範式者皆在入選之列。所幸，此舉已得到越來越多的當今學界老前輩的同情和支援。

三、一個命題：歷史不會跨過我們這一代

中西文明大潮的衝撞與交融，在今天仍是巨大的歷史課題。如今，我們這一代學人業已開始自己的學術歷程，經過80年代的改革開放和規模空前的學術文化積累（其表徵為：各式樣的叢書大量問世，以及紛至沓來名目繁多的學術熱點的出現），應當說，我們這代學人無論就學術視野，抑或就學術環境而言，都是前輩學子所無法企及的。但平心而論，我們的學術功底尚遠不足以承擔時代所賦予的重任。我們仍往往陷於眼花繚亂的被動選擇和迫不及待的學術功利之中難以自拔，而對自己真正的學術道路則缺乏明確的認識和了悟。我們至今尚未創建出無愧於時代的學術成就。基於此，《國學大師叢書》的組編者以為，我們有必要先「回到近現代」—回到首先親歷中西文

化急劇衝撞而又作出了創造性反應的第三代百家諸子那裡去！

　　經過一段時間的困惑與浮躁，我們也該著實潛下心來，去重新瞭解和領悟這一代宗師的學術生涯、為學風範和人生及心靈歷程（大師們以其獨特的理智靈感對自身際遇作出反應的閱歷），全面評價和把握他們的學術成就及其傳承脈絡。唯其貫通近代諸子，我們這代學人方能於曙色熹微之中，認清中華學術的發展道路，了悟世界文化的大趨勢，從而真正找到自己的學術位置。我們應當深信，歷史是不會跨過我們這一代的，90年代的學人必定會有自己的學術建樹。

　　我們將在溫情與敬意中汲取，從和合與揚棄中把握，於沉潛與深思中奮起，去創建有中國特色的社會主義新文化。這便是組織編輯《國學大師叢書》的出版宗旨。當我們這代學人站在前輩學術鉅子們肩上的時候，便可望伸開雙臂去擁抱那即將到來的中華學術新時代！

錢宏（執筆）

1991年春初稿

1992年春修定

PREFACE —————————————————————

　　百花洲文藝出版社編輯出版《國學大師叢書》，以整理「第三代諸子百家」（編者把先秦諸子作為第一代，宋明諸子作為第二代，晚清及民國諸子作為第三代）的學術成就為宗旨，通過評介各家之學術貢獻，啟迪新一代學人「對自己真正的學術道路」，有「明確的認識和了悟」。這是一件很有意義的事。《叢書》中有《康有為評傳》一種，編者約董士偉撰稿。士偉是我八年前在清華思想文化研究所時的研究生。他的畢業論文題目是《康有為早期思想研究》。從那時到現在，他對康有為的研究從未中斷，起先著重早期，後轉向晚期，最後則集中在《大同書》的成稿過程和性質問題上。早在士偉入學之初，我就向他講解並介紹了陳寅恪先生所提倡的「預流」的治學思想，鼓勵他反覆學習先生下面一段論述：

　　「一時代之學術，必有其新材料與新問題。取用此材料，以研求問題，則為此時代學術之新潮流。治學之士，得預此潮流者，謂之預流。其未得預者，謂之未入流。此古今學術之通義，非彼閉門造車之徒，所能同喻者也。」（《陳垣〈敦煌劫餘錄〉序》，《金明館叢稿二編》第236頁）

　　董士偉自入清華之初,「預流」就成為他選擇研究方向、確定論文題目的指導思想。他之所以選中康有為思想研究,具體地說,正是由於:

　　一、那幾年間,國際上出現了一批從未公佈過的康有為早期思想資料,即《民功篇》、《教學通義》、《實理公法全書》、《康子內外篇》未刊稿……這批資料原來由康同璧女士保存,後來美籍華人劉廣鈞教授拍成膠片帶到美國,於二十世紀七十年代公佈。但當時國內學術界知者不多。在國內,復旦大學姜義華教授和他的研究生吳根梁可能是最早利用的人。我在得到這批資料後,便叫董士偉將《康子內外篇》的未刊稿與已刊各篇對勘,並詳加注釋。這件事不意竟成為他走上康有為研究道路的起點。

　　二、當時,國際上研究康有為思想之新成果是美籍華人蕭公權教授的論著。(蕭教授是二十世紀三十年代清華政治系教授,以治《中國政治思想史》著稱。)我請士偉儘量找蕭先生的著作來閱讀,這件事使他的工作站到這一課題研究的前沿。

　　三、士偉發現,蕭先生的一些論斷,還需要更加充分的史料來論證。於是花很大力氣系統地查閱《萬國公報》和《西國近事彙編》,

找到一些極為難得的史料，把蕭先生的論斷，向前推進了一步。

1988年，德國康有為思想研究專家、柏林大學東亞研究系費路（Roland Felber）教授來中國。我和他商量好一種互換研究生的辦法：他指定一個學生在德國收集有關辜鴻銘的資料，然後到中國來學習；我指定一個學生收集有關康有為的資料，協助費路工作。這個任務落到董士偉頭上。這樣他便有機會向費路學習並瞭解歐洲方面研究康有為思想的情況。

士偉畢業後留在清華工作，1991年到日本去進修。他在東京大學做訪問學者，給該校研究生作「中國近代思想史」專題講座，並到京都、岡山等大學訪問，先後向丸山松幸、近藤邦康、狹間直樹、石田米子等教授請益，並與日本學術界人士廣泛接觸，切磋交流，學業大進。在士偉旅日期間，國內出版界已將康有為《大同書》的手稿本影印問世。這是康有為研究史上的一件大事。1993年士偉回國，席不暇暖，立刻著手《大同書》手稿本與「定稿」本（實際未定，姑言之）之對勘工作，同時又將手稿本與「早期文稿」聯繫起來加以研究，發現：

（一）手稿本之一部分（前面部分）系在《內外篇》和《實理公

法全書》之基礎上寫成，但有所發展，跡象甚明。

（二）過去，學術界一般認為《大同書》之核心內容為「烏托邦式的社會改造方案」。根據上一點，便可看出，這是未弄清《大同書》前身情況下所產生的一種誤斷。實際上，此書與早期文稿一脈相承，它的核心內容是人道主義思想和平等思想。「社會改造方案」是康氏後來才逐步找到的用以表達這些思想的「制度外殼」。

（三）經過文字對勘，「早期文稿」、《大同書》手稿本和「定稿」本三者之間的內在聯繫可以初步確定為：手稿本不是別的，而是前後兩者之間的一個「過渡形態」。抓住這個「過渡形態」，便可將康氏「大同」思想的演變過程看清楚。這項成果不僅把《大同書》成書過程的研究，推進了一步，而且還為康有為洗去一樁「冤案」──所謂「倒填日期」之說。康氏曾自稱，三十歲之前「演大同之義」。過去，由於證據缺乏，情況不明，學術界多以為這是康氏「自我吹噓」之言。現在看來，這倒真是康氏的「夫子自道」，只不過他對「大同」二字之理解，與後來一些學者的理解頗不相同罷了。

新見解的提出，意味著研究工作的「進展」，也表現著學術生命力的新機，這一切都離不開「預流」這種指導思想。這是第三代諸子

百家的傑出代表陳寅恪先生治學精神的具體體現，儘管我們對這種精神領悟不深，理解不透，但以整理「第三代諸子百家」學術成就為宗旨的《國學大師叢書》中，編入這樣一冊，不也是一件很有意義的事嗎？

劉桂生

1993年12月於北京大學

序 二

PREFACE —————————————————— — —

康有為的兩本著述在清末曾以「離經叛道」之罪被毀禁，其本人又在百日維新失敗後以「惑世誣民」之罪為清廷通緝。在康亡命海外後，革命派斥其保皇論為「便其南面之求，愚民之計」；清廷更把「康梁之徒」視為虎狼蛇蠍。民國改元後，康有為因主張崇孔教為國教支持辮子將軍張勳的復辟活動，被斥為「民國之逆賊」。新中國成立後，以「革命的歷史」構成的中國近代史對康有為評價甚低，將其君主立憲論視作反對革命、主張「在保存舊體制基礎的前提下進行變革」的改良主義要求的產物。然而，上述巨大反響恰恰表明，康有為的思想與行動蘊含著中國社會的重大問題。

康有為提出的最大問題，是傳統與近代的結合問題。所謂近代，是指「對解放的自覺」。這裡所說的「解放」，不僅僅是指掙脫政治的壓迫和異化，還包括擺脫饑餓、病痛和苛酷的體力勞動，從而廢除社會的束縛與歧視，獲得精神自由。人類歷史正是不懈地尋求這一解放的過程。近代與前近代的根本區別在於：人們第一次具有「人必須獲得解放」的自覺，並且為了達到這一目標，自覺地尋求社會組織、政治制度和科學技術等一切領域的變革。當然，變革的具體形態以各民族所載承的不同傳統而各不相同。日本在近代雖然接受了大量西方

的文化與思想，但從根本上說，日本的近代只能是「日本式的近代」。同樣，中國的近代也必須以傳統為基礎，將傳統與西方傳入的新的文化諸要素相結合，或使兩者並存，進而對其進行發展與再創造，由此形成中國獨特的近代。與「墨守祖法」不切實際一樣，「全盤西化」也不可能成為現實。「中體西用」論也由於缺乏使兩者有機結合的內在邏輯，無法在中國近代化的過程中發揮效用。康有為的思想與行動，正是對「傳統與近代的結合」問題作出回答的一個嘗試，他的嘗試雖然在現實歷史過程中失敗了，但是，他所提出的問題寓意深遠。這個問題在今天的中國仍未得到解決，毋寧說董士偉所說的「傳統的創造性轉化」已成為日趨緊迫的問題。

董士偉在本書中對康有為給予了高度評價，認為他肩負著「對個人權利和實證精神的肯定，對專制制度的否定」三大使命，是開闢中國近代啟蒙運動的先驅。對康有為的歷史地位進行再評價，這本身並非獨創，以往的歷史研究把從太平天國到義和團、革命派、五四運動和人民革命的激進派系譜作為歷史進程的主流，餘者皆為支流。作為對這種歷史研究的反動，學者們轉而推崇變法派、新儒家和自由主義者，這已成為今日時尚。然而，僅僅勾勒出對立的新的歷史像，並不

足以推翻舊的歷史定說。只有在廣泛的史料搜集、全面的史料批判、縝密的邏輯架構基礎上，才能確立不為意識形態武斷批判所動搖的歷史像。與董士偉的前著《海市蜃樓與大漠綠洲—中國近代社會主義思潮研究》相比，本書作了更為「實事求是」的研究。這也正是本書的價值所在，尤其令我欽佩的是作者對史料的探究細緻入微，在此基礎上以明晰的邏輯重構了康有為的思想，與此同時，大膽打破了以往的固有觀念。如果說作者在東京的研究對上述優點的生發能有哪怕是些微的貢獻的話，作為邀請者，我感到十分欣慰。圍繞中國近代思想史的研究，學者們之間還存在諸多分歧。現在，日中兩國學者已經能夠站在共同的基礎上，為逐一解決這些問題進行相互合作，我期待著這種合作關係在今後能有更大發展。

（日）丸山松幸
1993年10月於東京大學

英文提要

P R É C I S

This is an intellectual biography of Kang Youwei, the author thinks Kang's intellectual developments may be divided into three periods. （1） Initial inquiry and formation of enlightment thought system. （2） Expressing his views on the political and cultural reform in the terms of New Text School to late Ching society. （3） Systematic expounding ideal of cosmopolitanism and the Confucian Religion.

The year 1886 is crucial for the first period · Before this time, studying under Zhu Jiujiang and thereby having had sound basis for classical Chinese 1earning, Kang was inf luenced by the style of study taking in both Han and Song learning, so he was tolerant towards different schools of traditional learning﹔on the other hand, Kang was influened by western learning. Depending on limited translations, Kang was the one who could understand rather comprehensively modern western thoughts among his contemporaries. On the basis of this, he wrote"Min Gong Pian ”（民功篇）, "Nei Wai Pian ”（內外篇）, "Jiao Xue Tong Yi ”（教學通義）, "Shi Li Gong Fa Quan Shu ”（實理公法全書） and etc, which systematically expounded his modern enlightment thought.

The second period began at 1890, and ended with 1898. His meeting with Liao Ping in Guangzhou in 1890 gave a stimulus to Kang's another transformation of learning. Kang had tried to express his enlightment thought in various ways, even took the form of writing books on China' s democracy with syllogistic method and axiomatic system. Maybe he had forseen that such forms could not be tolerated by public opinions. So he did not put these books into print. Meeting with Liao who esteemed the New Text School brought inspirations to Kang, who thought categories of the New Text School such as "Three Traditions" （三統）, "Three worlds" （三世）, "Inside and Outside" （內外） might well be transformed into suitable form for his own thoughts, thereby they may be accepted by the public.According to the ideas mentioned above, Kang wrote "Xin Xue Wei Jing Kao" （新學偽經考）, "Kong Zi Gai Zhi Kao" （孔子改制考）, "Chun Qiu Dong Shi Xue" （春秋董氏學） and so on. The traditional form of these books expressed his modern thoughts quite well. His views on construction of democratic institution set up a valuable example for the modernization of traditional learning.

The third period began at 1898 when the reform movement failed. During the days abroad, he consumated his own views through selfreflection and debating with the revolutionaries. Kang got an comprehensive recognition of western societies when travelling in Europe and America. During this period his works focus on two points. One is expounding detailly his ideal of cosmopolitanism. Although he had mentioned this idea many times before, not until he was in exile overseas when he had enough time to make a systematic research on the subject. The Book of Cosmopolitanism （大同書） is the first book written by Chinese to express traditional idea of cosmopolitanism. The utopia world in the book revealed passionate inclination for material progress and expressed the hope of Chinese people who lived in a undeveloped country for the developed modern society. The other is systematization of Confucian Religion. His knowledge of the west is enough for him to discern different kinds of developed countries in the west. Opposing the combination of radical ideology with political violence in the French revolution, he admired the role of modern christianity which had taken part in social progress. He set forth systematically the view of setting up

Confucian Religion and put it into practice. He had forseen that political and cultural violence could not bring China substantial progress. However, in the eyes of ardent intellectuals of young generation, Kang who was under the guise of traditional form seemed nothing but a reactionary. Kang looked as if a prophet, whose ideal of cosmopolitanism was far beyond his time because of his utopia and his view on Confucian Religion transcended the popular opinion of his time because of its astute insight. With many coot misinterpretations, he passed away.

目 錄

C O N T E N T S

第一章

突破傳統的藩籬

1902年，梁啟超在《三十自述》中，對他初識其師康有為有過一段生動的描寫：「其年秋，始交陳通甫。通甫時亦肄業學海堂，以高材生聞。既而通甫相語曰：『吾聞南海康先生上書請變法，不達，新從京師歸，吾往謁焉，其學乃為吾與子所未夢及，吾與子今得師矣。』於是乃因通甫修弟子禮事南海先生。時余以少年科第，且于時流所推重之訓詁詞章學，頗有所知，輒沾沾自喜。先生乃以大海潮音，作獅子吼；取其所挾持之數百年無用舊學更端駁詰，悉舉而摧陷廓清之。自辰入見，及戌始退。冷水澆背，當頭一棒，一旦盡失其故壘，惘惘然不知所從事，且驚且喜，且怨且艾，且疑且懼，與通甫聯床竟夕不能寐。明日再謁，請為學方針。先生乃教以陸王心學，而並及史學西學之梗概。自是決然舍去舊學，自退出學海堂，而間日請業南海之門。生平知有學自茲始。」[1]

　　梁啟超與陳千秋其時為粵中頗有才名的士子。梁少年聰穎，「六歲後，就父讀，受中國略史，五經卒業。八歲學為文，九歲能綴千言，十二歲應試學院，補博士弟子員。」[2]17歲中舉，主考官李端棻愛其才，特許配堂妹於他。梁見康有為時，正可謂春風得意。而陳千秋在廣州學海堂「以高材生聞」，後入萬木草堂，為康氏第一門徒，被同學稱為「顏回」，26歲不幸夭折，康有為萬分悲痛，揮淚執祭。事後憶及此事，仍十分動情：「禮吉聰明絕人，而氣魄剛毅，大道完成，為負荷第一人。竟夭年，僅二十六，痛哉！」[3]以上可見梁啟超與陳千秋才學之一斑。

1　《飲冰室合集》第2冊，中華書局，1989年版。
2　《飲冰室合集》第2冊，中華書局，1989年版。
3　《康南海自編年譜》，中華書局，1992年版。

從傳統科第角度看，梁啟超、陳千秋少年得志，且有功名，本不應也不會拜年已31歲的布衣康有為為師。是什麼原因使得二人一睹康容便為之傾倒，仿佛脫胎換骨般地「決然舍去舊學」，投之門下呢？讓我們放開眼界，從傳統在中國近代社會的坎坷歷程和康有為對傳統的突破與創新中去尋找答案。

1.1 　不期而遇的碰撞

有清一朝，對於傳統學術而言，可說是變化極巨。皮錫瑞在《經學歷史》一書中認為：「國朝經學凡三變。國初，漢學方萌芽，皆以宋學為根底，不分門戶，各取所長，是為漢、宋兼采之學。乾隆以後，許、鄭之學大明，治宋學者已尠。說經皆主實證，不空談義理，是為專門漢學。嘉、道以後，又由許、鄭之學導源而上，《易》宗虞氏以求孟義，《書》宗伏生、歐陽、夏侯，《詩》宗魯、齊、韓三家，《春秋》宗公、穀二傳。漢十四博士今文說，自魏、晉淪亡千餘年，至今日而複明。實能述伏、董之遺文，尋武、宣之絕軌，是為西漢今文之學。」[4]照皮氏說法，三次變化表現為經學一次次上返古代。從以宋代學術為基礎的漢宋兼採到專宗東漢許慎、鄭玄的文字訓詁之學，再到探求先秦經書的原始意義，實則推崇西漢占統治地位的今文之學。

清代學術的如此變遷是歷代未有過的。打一個比方：先秦至宋明，學術沿革如江水東流，順勢而下。那麼，清代學術則似逆流而上

4　《經學歷史》，中華書局，1959年版，第341頁。

的孤舟，直向大河源頭探尋。皮錫瑞對如許學術景象充滿樂觀：「學愈進而愈古，義愈推而愈高，屢遷而返其初，一變而至於道。……兩漢人才之盛必有複見於今日者，何至疑聖經為無用而以孔教為可廢哉！」[5]

我們姑且不去追問在國勢日蹙的形勢下這種樂觀的根據。需要提問的倒是：中國學術在清代為什麼會發生這樣的變化？皮錫瑞沒有給予回答，但是顯然，皮氏關於清代學術思想階段性的劃分和不斷上返古代的論斷代表了時代的一種認識。在他之前魏源在《兩漢經師今古文家法考敘》一文中有過類似的論斷：「西京微言大義之學，墜于東京；東京典章制度之學，絕于隋、唐；兩漢故訓聲音之學，熄于魏、晉，其道果孰隆替哉？……今日複占之要，由詁訓、聲音以進于東京典章制度，以齊一變至魯也；由典章、制度以進於西漢微言大義，貫經術、故事、文章於一，此魯一變至道也。」[6]事隔不久，梁啟超以類似皮氏的口吻對清代學術思潮作了階段性的劃分，並對清代學術上返古代的現象給出了一種解釋：「綜觀二百餘年之學史，其影響及于全思想界者，一言蔽之，曰『以復古為解放』。第一步，復宋之古，對於王學而得解放。第二步，復漢唐之古，對於程朱而得解放。第三步，復西漢之古，對於許鄭而得解放。第四步，復先秦之古，對於一切傳注而得解放。夫既已復先秦之古，則非至對於孔孟而得解放焉不止矣。然其所以能著著奏解放之效者，則科學的精神實啟之。……其動機及其內容，皆與歐洲之『文藝復興』絕相類」。[7]

5　　《經學歷史》，中華書局，1959年版，第341頁。
6　　《魏源集》，中華書局，1983年版，第152頁。
7　　《清代學術概論》、《梁啟超論清學史二種》，復旦大學出版社，1985年版，第

「以復古為解放」，梁啟超的結論抓住了清代、特別是道光朝以後思想學術發展的要害。不過梁啟超身處清代，且位於學派爭鬥漩渦之中，眼界未免侷促。儘管他寫作《清代學術概論》時有意超脫學派之見，然而談何容易。皮錫瑞與梁啟超都重視到了清代今文經學的復興並由此重視到今古文的紛爭，卻忽略了道光朝之後另一種學術思潮「漢宋調合論」的出現。從思想史的角度看，「漢宋調合論」似乎更能揭示清代學術文化演變的本質特徵。它代表了對清代漢學的一種反動，其實質是宋學復興。支偉成在《清代朴學大師列傳》中專為「浙粵派漢宋兼採經學家」辟列傳一章，陳澧、朱次琦等十一人入傳，可見這一學派的地位。往往被人們所忽略的是，康有為恰恰在這個學派而不是今文學派的哺育下成長起來。也可以說，他思想體系的形成和學問的博大主要得益於此派學風的影響。我們只要看看代表康有為思想體系形成過程中的幾篇著作，其中很少見到今文經學的成說而到處可見「漢宋調合」的影子就可以說明這一點。梁啟超自認為最瞭解康有為，不過他初遇其師，康的思想早已經過痛苦求索的歷程，形成了比較成熟的思想體系，而且迅即以今文經學形式大發議論。如果對康有為此前的思想歷程沒有全面的瞭解而又過於看重他藉以經世的學術形式，那麼將其僅僅看作為一位今文學家也就不奇怪了。梁啟超的誤解在於把康有為的畫皮當成了真皮。流風所及，時人往往把康有為以今文經學家的面貌在社會上出現而最為耀眼的一段認作他思想上最光輝的一段，實在也是一個不大不小的誤會。

如上所述，「以復古為解放」抓住了道光朝前後學術思想發展的

3—6頁。

要害。有識之士更進一步企圖汲取西學的精華重新審視傳統以創造中國的近代文化。晚清稍具影響的學術流派無有外者。1840年，列強用大炮打開了古老帝國的大門，隨後西方的各種思想也傳進了中國。異域文化特別是先進文化的大規模傳入無疑深刻地威脅到了中華民族的生存。在歷史上，漢民族有過不止一次被周邊少數民族統治的經歷，然而以漢民族為主體的中華民族的文化並沒有隨之消亡，相反這種文化以其強大的生命力和精深博大的氣度使得勝利者降服在它的面前，少數民族入主中原，只有接受漢文化才能真正奪得政權。這次情況不同了。兵臨城下的西方文化不再是北方遊牧民族的落後文化，而是與中華民族一樣有著上千年輝煌的文化傳統並接受了近代洗禮的先進文化。

士大夫們感受到了一種危機，深刻的政治文化危機。他們必須在中國文化的體制內外尋求新的出路。與此同時，清代學術的漸趨式微也從內部為學風的轉變準備了條件。晚清學風與學問的變化大體循著兩個方向展開：一是經世之學受到重視。從清中葉始，西北邊疆史地學、典章制度沿革之學等相繼成為顯學。二是學術文化出現綜合趨勢。從清代考據學中找不到回應西方文化的武器，學人們於是擴大視野，每一次學術上返古代，實質是學問範圍的一次擴大。人們力圖通過對中國文化的總體把握以棄舊圖新，找出回應西方文化挑戰的武器。「漢宋調合論」既代表了中國思想文化內在的變革理路，又是對西方文化的一種回應。

康有為的老師朱次琦，是晚清漢宋調合派的代表人物之一。他的學術路數深刻影響了康有為思想學術的形成與發展。朱深痛清代學術

的偏頗，認為「乾隆中葉至於今日，天下之學多尊漢而退宋，以考據為宗，則攻朱子為空疏」，使得「孔子之道歧，何天下之不幸也」。他指出，「孔子之學，無漢學無宋學也」。漢學宋學皆為孔子之學，無孰輕孰重。朱次琦進一步提出，孔子之學應包括「修身」和「讀書」。修身分四個方面內容：行孝悌，崇尚名節，變化氣質，檢攝威儀。概括說來，就是要求人們認真實踐傳統道德，安身立命之處不為世風左右，固守清高。求天人之學應剛柔相濟，善於取納。士大夫為人處事應儀態威嚴、堂堂正正。而「修身者，不讀書不可也」。讀書則需掌握五種學問：經學、史學、掌故之學、性理之學、辭章之學。其中經史二學最為重要。「夫經明其理、史證其事，以經通經，則經解正，以史通經，則經術行。」掌故之學為經史服務：「掌故者，古今之成法也，本經史之用，以參成法，則用法而得法外意矣。」針對明末理學末流的空疏，朱談「性理之學」特別強調實踐性：「性理非空言也……吾以為性理之書，誼如懿戒，足以自箴矣。」他不同意歐陽修關於「文章止於潤身，政事可以及物」的說法，指出君子之學要通過文章「以告當世，以傳來者」。不幸的是，這一優秀傳統自明代漸衰，使得盜賊橫行，國運不盛。正應了孟子「下無學，賊民興」的教導。考據學是上述五種學問的基礎（「小學養大學」）。讀書的目的，朱次琦概括為「明理以處事，先以自治其身心，隨而應天下國家之用」，即經世致用。[8]從朱次琦對學問的歸納看，不僅包括習稱的漢學和宋學，而且幾乎將傳統學問均包羅在內，可見其學之大，已非漢宋之學所能涵蓋。中國學術文化發展至此，不啻對舊學一次比較全面

8　　張伯楨：《朱九江先生學案》，《正風半月刊》1卷20期，1935年。

的反省。這種反省雖然沒有達到時代認識的高度，但走出學術流派紛爭的境地，全面反省舊學的做法本身，又為下階段康有為開創的傳統向近代轉化掃除了障礙。可以說，漢宋調合論作為中世紀舊學的迴光返照，已經萌動了近代新學的生機。然而，漢宋調合論畢竟屬於舊學內部的調整和以舊的眼光對舊學的再認識，它無法真正回答西學對傳統的挑戰，也不能滿足即將步入近代的思想界的要求。傳統的更新和時代的需要呼喚著新的思想理論。康有為正是在這樣的歷史條件下走出「澹如樓」，舉起了啟蒙的旗幟。

1.2　「舊瓶裝新酒」

1. 獨特的轉變歷程

在近代思想家之中，康有為的思想轉變較為獨特。他先是從崇尚經典走向懷疑經典，而後又從懷疑經典轉向「大講西學」，最後，吸取了西學中的近代精神，又回過頭來重新解釋經典。三次轉折的完成絕不是簡單的回歸。康有為重新發現經典的同時，也就發現了中國舊學走向近代的道路。一波三折，最終仍是浩蕩前行。本章將要講到的是康有為前兩次的思想轉變。

康有為生長在典型的士大夫家庭，從小飽讀詩書，他先後跟隨幾個先生學習舊學，打下了相當深厚的舊學功底。朱次琦對他影響尤大。朱「碩德高行、博覽群書……主濟人經世……發先聖大道之本，掃去漢宋門戶，而歸宗於孔子」[9]的治學路數，深獲康有為之心。「乃

9　《康南海自編年譜》，中華書局，1992年版。本書引文除另注外，均引自上書。

洗心絕欲，一意歸依，以聖賢為必可期，以群經為三十歲前必可盡讀，以一身為必能有立，以天下為必可為。」他對事業前途充滿了信心。到二十一歲那年，「四庫要書大義，略知其概」。如同康有為後來以其深邃的思想征服梁啟超一樣，朱次琦以其博大的學問使康拜倒在他的門下。康有為隨朱問學時間不長，卻影響了他一生的學術路數。

不過，「群經」讀盡之後，他在經典中並沒有尋覓出濟世救民的藥方。當時學術思想界已經醞釀著走出中世紀的舊學尚未成熟到融會貫通，以形成近代思想體系的程度。康有為幾經探索，不得其緒，陷入了深深的幻滅之中。1878年秋冬之際，在「略知四庫大義」的同時，以討論韓愈學問為契機，他與恩師朱次琦決裂了。決裂原因在於，康有為認為韓愈以下宋明之學皆「空疏無有」，應上返荀、莊、管、韓，以求經世致用之學。這種否定傳統在現實中的發展而上返古代的態度，實際上表達了他對傳統的進一步懷疑。他以後又進一步否定諸子歸宗孔子和否定孔子上溯周公。經過這樣的發展，現實的傳統已被抽象得失去了基本內容，直到康有為借助西方近代精神奠定重新解釋傳統的格局之後，傳統在他的腦海裡才重新獲得了活生生的內容。所以，康有為與朱次琦的決裂，並不是出於個人恩怨，也不應歸於學術分歧（康始終尊崇朱的學問，敬佩其為人），背後隱藏著的是康有為對傳統文化的深深失望。朱次琦的經世致用觀念根於舊學，他企圖以學術態度的轉變和舊學內部學術內容的調整挽救整個舊學的頹勢並進而興邦治國；康有為則視整個舊學如「故紙」一堆，不能承擔經世之用。請看他的自述：「日埋故紙堆中，汨其靈明，漸厭之。日

有新思，思考據家著書滿室，如戴東原，究複何用？因棄之，而私心好求安心立命之所。」

與朱次琦決裂後的兩年間，康有為先後學習過佛學和公羊學，都沒有找到出路。他先是躲進西樵山打坐參禪，企圖逃避現實。但是，他不具禪林天資，從小篤定的經世觀念死死纏繞著他，在白雲洞中，苦悶多於清淨，常仰天長嘯，抒發積鬱。所以，當張延秋帶來「京朝風氣，近時人才及各種新書」的消息時，他便在家人的督責下出山了。隨後，1880年，他學過一段公羊學。這時他治學路數仍循舊學，以舊學的眼光治今文經學，自然得不出後來的「驚世駭俗」之見，今文經學同樣沒能助他認識社會歷史和中國的現實。終於，他焚掉了寫成不久的《何氏糾謬》書稿，以一把火燒光了從舊學中尋求救世良方的打算。這件事以後，他對舊學態度發生明顯變化。把玩欣賞字畫文物，購碑刻講金石之學，末世士大夫風習背後，是極度的苦悶和失望！時在辛巳、壬午之際（1881—1882）。

正當康有為在傳統文化中苦苦摸索，彷徨無計之時，西學闖進了他的視野。早在1874年，他「始見瀛環志略、地球圖，知萬國之故、地球之理」。通過中國人編譯的、第二手的世界地理書籍，接觸到了有關西方的知識。但這些知識似乎沒有給早年的康有為什麼影響。第二年在呂拔湖先生「專事八股」的「督責」之下，隨著「一切學皆捨去」，對西學的瞭解便中斷了。

1879年，康有為又讀到幾種西學書籍，如《西國近事彙編》、李圭《環遊地球新錄》等，目睹了香港英國殖民政府「有法度」的近代

「治國」方法，認識到不能再以「古舊之夷狄」的傳統觀念看待西方國家。從此，他「漸收西學之書」，開始將注意力轉向西學。但康有為此時接觸西學尚少，不足以對西方文明作出綜合的判斷，也還不能夠以他的西學知識重新認識社會歷史和評價舊學。因此，他還只是在佛學、公羊學之間彷徨。

1882年，康有為順天鄉試不授，道經上海歸家，所見所聞和所購之西書，使他思想發生了決定性的變化。他對西學的認識從感性（「道經上海之繁盛，益知西人治術之有本」）和理性（「大購西書」以研讀）兩個方面都達到了新的層次。從此康有為「始盡釋故見」而「大講西學」。

這一階段，康有為接觸的西學，除《萬國公報》、《佐治芻言》、《自西徂東》幾種歐西史志和遊記外，多為自然科學刊物和著作。憑著這些文獻和對中國傳統文化的批判繼承，他艱難（「頭痛幾死」）而富有創造性地建設起了中國第一個比較完整的資產階級啟蒙思想體系。「至乙酉之年（1885年）而學大定，不復有進矣。」[10]

從1882年11月購西書歸家，到1884年12月「所悟日深」，兩年內康有為完成了思想轉變，形成了系統的思想觀念。以後的1885年到1887年間，康有為寫作了《教學通義》、《內外篇》、《實理公法全書》、《諸天講》[11]等著作，涉及認識論、社會歷史觀、政治觀、人性

10　《與沈刑部子培書》，《康有為全集》第1卷，上海古籍出版社，1987年版，第380頁。
11　此書以後雖經修訂加工，但起草當在此時。可參看《自編年譜》1884年、1887年內容。

論等一系列問題，闡發了自己的思想。因轉變時期無著作行世，我們今天考察其思想轉變及思想體系的形成，只能依賴《自編年譜》和其他幾種傳記材料。不過，在他1885年的文學作品中，我們可以發現他在完成思想轉變時的由鬱悶而明快的心緒。如《送春》：「盡日傷春春已歸，殘花誰與惜芳菲？黃鶯接葉啼難歇，紫蝶尋春故自飛。」[12]康有為告別殘春，奮然前行的態度躍然紙上。

2. 新的漢宋調合

康有為一經掌握了西學這個望遠鏡和顯微鏡，他對傳統便有了新的認識，並在此基礎上形成思想體系。漢宋調和論是他思想體系的學術框架。這一觀點的明確闡述雖在1891年與廖平會晤之後，但思想體系的格局在此之前已經奠定。為了清晰起見，本文借助1891年的《長興學記》對其思想體系作整體描述，而立論仍以1886年前後的著作為根據。

在朱次琦那裡，漢學指考據之學，宋學為養心之學。漢宋調和取漢學實事求是精神與宋學浩然正氣結合，導向經世致用。他主張士大夫關心社會現實，拋卻個人榮辱，系國家興亡於一身。從這種漢宋調和論中，除了社會責任感外，人們得不到切實可行的救國方案。

康有為重新解釋了漢宋調合論。他一改清代漢宋之學為考據學與養心學的說法，將漢學回復到漢代的意義，指經世之學（包括今文經學）：「『漢學』則本於《春秋》之《公羊》、《穀梁》，而《小戴》之

12　《康有為政論集》上冊，中華書局，1981年版，第30頁。

《王制》及《荀子》輔之，而以董仲舒為《公羊》嫡嗣，劉向為《穀梁》嫡嗣，凡『漢學』皆其所統，《史記》、兩漢群臣政議，其支派也，近於經世者也。」他解釋宋學為義理之學：「『宋學』本於《論語》，而《小戴》之《大學》、《中庸》及《孟子》佐之，朱子為之嫡嗣，凡宋、明以來之學，皆其所統，宋、元、明及國朝《學案》，其眾子孫也，多於義理者也。」漢宋之學皆出於孔子。「孔子之學，有義理、有經世。……夫義理即德行也，經世即政事也。」[13]這是就學術內容而言，至於學術態度和學術方法，康有為則歸之於考據學：「無徵不信，則當有據；不知無作，則當有考。百學皆然。」

經康有為重新解釋的漢宋調合論，已經融進了近代精神。漢學成為經過西方近代社會歷史觀念改造了的經世之學。主要內容為否定中世紀自我中心「天下觀」基礎上形成的世界觀念；否定三世循環論基礎上形成的人類社會產生、發展經民主政治走向大同的進化觀念；否定專制制度基礎上形成的民主政治的現實政治改革方案。宋學成為經過西方近代人道主義改造了的義理之學。在這裡，康有為肯定了人的自然欲望，否定了「天理」對人性的壓抑，提出了人類解放和自由的歷史課題。作為思想、學術方法的考據之學，康有為汲取其「無徵不信」的實事求是精神，與西方近代實證精神結合，主要從自然科學的角度，為上述經世、義理之學作出了大量實證性的說明。

康有為重新解釋漢宋之學，無疑受到西方近代思想的啟發（下文將要詳述）；同時，又繼承了國內已有的思想成果。就漢學而言，朱

13　《長興學記》，《康有為全集》第1卷，第561頁。

次琦標榜的「濟人經世」的社會責任感，廖平揭出的今文經學的「微言大義」，使其獲益匪淺。宋學方面，康「天欲人理」的人道主義則是對戴震「非以天理為正，人欲為邪也。天理者，節其欲而不窮人欲也」[14]，試圖統一理欲，否定理對欲的壓抑思想的極大發展。

新的漢宋調合論的提出，使康有為已經形成的思想理論體系獲得了一個比較清晰的表達形式，與漢、宋之學相對應的進化社會歷史觀和人道主義思想便是這一體系的內容。

1.3　追求大寫的人

1. 人的價值的發現

一般說來，西方文藝復興以來人道主義思想的基本內容是：肯定人的自主權利和自然欲望，認為人是世界存在的依據，人的理性、博愛精神推動著社會歷史的進步。這種人道主義否定中世紀教會、皇權等等外在的權威和人們對經典的迷信，將其轉化為對人的理性的崇拜。人道主義思想是中世紀向近代思想過渡的基本內容和必然階段，康有為首先在這方面消化了當時報刊書籍中零散的思想資料，實現了思想的突破。

1883年《萬國公報》上《善惡理征》一文有「人於未曾行事、未曾定願之先，其心已有蘊涵，願欲之源乃本然者」[15]的說法，肯定人

14　《孟於字義疏證》，中華書局，1982年版，第11頁。
15　載《萬國公報》臺北：華文書局，1968年影印版，第15冊9614頁。

的自然欲望。傳教士林樂知[16]在《教化論》中指出人區別於動物在於智慧。[17]蕭公權先生的研究，曾深刻影響了康有為的《佐治芻言》（Homely Words to Aid Governance，傅蘭雅譯，江南製造局1885年版）一書，闡述了人類平等、人的權利應得到保護等問題。該書第四章指出：「一國之人，無論貴賤，皆當視為平等，故各人身命與其自主自重，及所管產業，國家皆應一體保護，其理然也。」作者的動機，是保護資本主義財產關係和現行秩序。然而在尚未經歷啟蒙的國度，上述內容往往能被啟蒙思想家發掘和轉換出具有啟蒙色彩的思想。除此書外，《萬國公報》上也刊載過類似言論。湛約翰（Chalmers John，1825—1899，英國倫敦會教士。1852年到香港，繼理雅各主持倫敦會香港分會事務。曾譯《聖經》為漢文）的《性理論》[18]寫道：「夫人所得天之性，不獨有仁義禮智，而且有自主之權衡……至吾人雖有仁義為法則，而自主之性即在其中矣。或自主為農、為工、為商而行仁義者。舉凡行事，或多或寡，或大或小，無不由於自主而未始有悖天理也。概而言之，所行出於自主之性，然後有仁義之名。」可以說，上述隻言片語，便成為康有為人道主義思想來自西學的養分。他融會貫通，比較完整地論述了旨在肯定人的價值的一系列人道主義課題。

16　Allen, Young John（1836—1907），美國監理會教士。1860年來華傳教，為江南制造局和海關譯書390餘部。1882年在上海創辦中西書院，自任院長。林氏從1868年起就在上海自費主編《教會新報》。1874年《教會新報》改稱《萬國公報》，他繼任主編，後《萬國公報》歸廣學會主管，林氏仍主其事，直到死去。編著有《中東戰紀本末》、《文學興國策》及《李傅相曆聘歐美記》等書。據《近代來華外國人名辭典》，中國社會科學出版社，1981年版。以下注引傳教士資料，除另注外均出自該書。
17　《萬國公報》第11冊，6576頁。
18　《萬國公報》第4冊，2345—2346頁。

理欲觀是中國人性論的重要觀念，也是康有為著重討論的一個問題。宋明理學時期，「存天理，滅人欲」口號的提出，使舊禮教對人性壓抑達到了頂點。康針對舊禮教摧殘人性的惡果明確提出「天欲而人理」[19]的口號與之擺台對擂。康有為認為，人的欲望分作精神和物質兩個方面，精神方面為「喜怒哀樂」等情感，物質方面為「食色」等需求。兩方面的欲望，人類與生俱來，是「人性」和「人情」的自然流露，[20]「故欲者，天也」，[21]「不能無」。[22]康有為一反舊禮教對人欲的壓抑，高歌「欲者，愛之徵也……即所謂仁也，皆陽氣之發也」[23]，肯定人的自然欲望是人性中正面的、積極的、合理的方面，從而為肯定人的自主權利開闢了道路。「理」在舊禮教中神聖不可侵犯。康有為打掉了籠罩在它頭上的靈光，指出「理者，人之所立。……故理者，人理也」。[24]理既為人所立，當然因時制宜，可以改變。康有為還把「禮」和「理」作為同一概念看待，認為人生在世，不可縱欲無度，損害他人，需要禮或理對人的欲望加以適當節制。[25]

　　如果說，人欲是人性中接近動物本能的低級層次，那麼在人性的高級層次上，康有為與舊人性論的分歧同樣鮮明。中國傳統人性論多認為，人區別於動物的特性在於善、仁、良心等道德規範。這種道德化的人性論無法解釋人類的產生及其進化，也必然導致道德說教對人

19　《內外篇・理氣篇》，《康有為全集》第1卷。
20　《內外篇・人我篇》，《康有為全集》第1卷。
21　《內外篇・理氣篇》，《康有為全集》第1卷。
22　《內外篇・人我篇》，《康有為全集》第1卷。
23　《內外篇・愛惡篇》，《康有為全集》第1卷。
24　《內外篇・理氣篇》，《康有為全集》第1卷。
25　《內外篇・人我篇》，《康有為全集》第1卷。

性的壓抑。康有為一反上述說法，在傳教士言論的啟發下，[26]以「智」概括人區別於動物的特性。「人類之生，其性善辨，其性善思，惟其智也。……人之所以異於禽獸者在斯。」[27]他把智解釋為思維能力，並指出動物因不具備思維能力，便只能「安於禽獸耳」。[28]康有為對人性的申說，揭示了舊人性論中人性異化的趨勢，即不斷完善的政治倫理（道德說教）像重重羅網限制了人性的健康發展，愈來愈成為壓抑人性的異己力量。「智」的觀點的提出，不但為接受進化觀念創造了條件，而且將人性一方面導向對廣闊的自然界的探索，另一方面也進一步地走向了對自我的認識，從而為人性的複歸和人的解放拓展了空間。

肯定個人權利，是近代人道主義最顯著的特徵，也是康有為啟蒙思想的一大特色。他尖銳地指出：「天地生人，本來平等。」[29]不但朋友平等、男女平等、子女與父母平等、凡人與聖賢平等，甚至君臣、君民間也平等。[30]平等之人「有自主之權」[31]，絲毫的折扣（「人不盡有自主之權」）都不合人道而應摒棄。不妨說，前述康有為理欲觀等人性論內容主要意義在於否定舊的人性論，人權問題的提出則從正面高舉起啟蒙的旗幟。人權、平等為劃分封建思想與近代思想的分水嶺，也正是康有為啟蒙思想最有價值的成分。面對中國的社會現

26　林樂知《教化論》：「且天下有知者人也，無知者物也。……人也，固非動物植物之所可同日語矣。意其心必靈乎物之心，其智必遠乎物之智。」《萬國公報》第11冊，6576頁。

27　《教學通議・原教第一》，《康有為全集》第1卷。

28　《內外篇・仁智篇》，《康有為全集》第1卷。

29　《實用公法全書》，《康有為全集》第1卷。

30　參看《康有為全集》第1卷，281—290頁。

31　《實理公法全書》，《康有為全集》第1卷。

實，康有為在論述平等問題時特別關注、同情受舊制度壓迫最深的婦女。他痛斥「不由自主，由父母定之」[32]的婚姻，主張「男女各有自主之權」，應在「相悅」基礎上，以契約形式結為夫妻。若感情不合，契約期滿後婚約自動解除，並可與他人繼續立約。[33]在19世紀80年代的中國，這確乎是驚世駭俗之論。即便拿到新文化運動時期，也不會遜色。馬克思主義認為，婦女解放是人類解放的天然尺度。透過康有為激烈得近乎空想的婦女解放言論，我們看到了中國近代人的覺醒和解放的希望之光。

康有為分析人性、肯定人權之後，提出了比較完整的人道主義綱領。也就在事實上回答了近代重建人的價值的問題。首先，個人權利天賦。他列舉了「為我」的四種情況：「一為我之質，眾人是也；一為我之名，賢人是也；一為我之體，道人是也；一為我之魂，佛學是也。」四者中，「惟眾人為形質，則有欲，斯亦天之所予，無可禁也。」[34]只有「為我之質」，即滿足人的自然欲望，才是人天生不可剝奪的權利。其次，人的欲望應適當節制。因個人在社會中的欲望無限擴張，必然會損害他人利益，須用「人理」加以限制和調節。所謂「人理」，康有為分作內外兩部分。「人理」的外部表現主要是社會法律及各種道德規範，即「人立之法」[35]和「睦、姻、任、恤」[36]等倫常之情。「人立之法」以符合人權、理性的一系列原則為基礎而制定，相近於近代法律；而「睦、姻、任、恤」則抽掉了中世紀的政治

32　《實理公法全書》，《康有為全集》第1卷。
33　參看《康有為全集》第1卷，111頁。
34　《內外篇・人我篇》，《康有為全集》第1卷。
35　《實理公法全書》，《康有為全集》第1卷。
36　《教學通義・德行第十六》，《康有為全集》第1卷。

倫理含義，還其以人道主義純倫常的本來面目。「人理」的內部表現為人的內心修養。人要用君子、聖人的標準要求自己，涵養性情、砥礪意志。[37]內外兩方面相加，構成「人理」的完整內容。其外部約束主要源於西學的啟發，[38]而內在修煉則更多地出於對傳統文化的批判繼承。最後，最高的個人欲望是拯救人類。這是一個超越的命題。第一步，先做到「無欲」，即「扞格物欲」。以拯救天下為己任的人必須放棄自己對物質欲望的追求，才能夠把儘量滿足他人欲望作為自己的使命。第二步，「盡予心之不忍（人道），率吾性之不舍者為之」，即時時將天下百姓的疾苦放在心上。「僻鄉之中，老翁無衣，孺子無裳，牛宮馬磨，蓬首垢面，服勤至死，而曾不飽糠麨也。」思考人民貧困的原因，尋求解決的途徑，「彼豈非與我為天生之人哉？而觀其生，曾牛馬之不若，予哀其同為人而至斯極也。以為天之故厄斯人耶？非然，得無政事有未修，地利有未辟，教化有未至而使然耶？斯亦為民上者之過也。」第三步，物質的欲望轉換為精神的欲望，為人類至善獻身。「凡為血氣之倫必有欲，有欲則莫不縱之，若無欲則惟死耳。」一個有懷抱的人應當實現欲的超越，即修煉氣質（養心），使之達於人道的境界，（「故吾以人道歸之氣質也」）才能將個人的物質欲望昇華為精神欲望，為人類至善奮鬥不息。「我有血氣，於是有覺知，而有不忍人之心焉。……有不忍人之欲……姑亦縱之，小則一家，遠則一國，大則地球。」即令「以匹夫之力，且夕之年，其為不忍人之心幾何哉？……其為不忍人之效幾何哉？」[39]也在所不辭。

37　參看《康有為全集》第1卷，111頁。

38　婦《佐治芻言》第二章便講到國家法律應人人遵守，又要提倡互助精神和社會救濟。

39　《內外篇・不忍篇》，《康有為全集》第1卷。

這是何等恢宏的氣度和無私的襟懷！上述尊重人的權利、人的自我約束和人生最高理想為拯救人類三個方面的人道主義思想，已包含著新的人的價值觀念：人生目的為獻身人類至善，而這種獻身完全基於人的崇高自覺的願望，基於社會對人的這種願望和各種權利的普遍尊重。作為啟蒙思想家，康有為與18世紀法國先驅者一樣，以理性為武器，將人的解放和人類的至善當作自己的目標。他們以全人類的代表自任，論著中洋溢著強烈的批判精神和勇敢的獻身精神。康有為是中國的啟蒙思想家，比較起歐洲的先行者，他較少思辨色彩，較少對理性世界的探求，而更多地關注現實社會的具體改造和人的改造。這一特點的形成，應該說既有文化傳統的原因（實用理性），又有中國近代的社會歷史原因（思想資料少，現實政治任務緊迫）。但這些並不影響康有為作為中國近代啟蒙思想家的歷史地位。四十年後，當啟蒙運動形成全國性社會思潮的時候，人們不難發現，其中許多論題在康有為當年的著作中都能找到雛形。

2. 人的理性的張揚

人的價值的發現必然導致對人的理性的推崇。在中國這樣一個「實用理性」占思想統治地位的國度，如何張揚人的理性以真正完成人的解放的任務？康有為分三個層次回答了這個問題。首先，認識物件上，援西學新知，極大地擴充傳統知識領域。知識的更新引起認識方式的變革。接下來康有為改造傳統「魂」的概念，並借助它統一了經驗世界與超驗世界。最後，他引進西方公理（演繹）和歸納邏輯方法與實證的科學方法，從理性主義和實證精神兩個方面闖入西方科學的殿堂，大大肯定了人的理性認識能力，開中國科學精神之先河。

中國傳統知識內容主要是聖經賢傳。康有為在《教學通義》中全面檢討了傳統知識內容的陳舊和結構的不合理。他認為，以現存經典為知識物件有很大欠缺，如《論語》「絕不及書、數及卜祝、農醫、天文、地輿之學」，甚至整個儒家經典皆「不言」數學。儒家教學不切「民用」、「惟高陳大道」之風的浸染，使得長期以來中國學術「號稱極盛，然實浮華相扇，空論經文」。落後的考試制度與教育內容互相寄附，「今沿宋、明之舊，以科舉選士，士咸在學校中；課『四書』、『五經』之義以為文，士皆在義理中。魁傑之士舍此無可複進，故進出其間，以為可以育材課士矣。然士皆溺於科舉，得者若升天，失者如墜淵，於是驅天下之人習哇濫之文。……上者既無古人德行、道藝之教，下之並無後世章句文史之學，聚天下而為臭詬亡恥、嗜利無知之徒，國家其誰與立？由今之學，不變今之法，而欲與之立國牧民，未之有矣。」知識內容的陳舊和教育制度的腐朽已經到了威脅國計民生的地步。總之，康有為認為，按照近代人類知識的眼光衡量，中國還處於「智學未開」的階段。[40]

開拓新的求知領域、增進新知要從教育做起。康有為把教育分為啟蒙教育、職業教育和高等教育三個階段。教育內容方面，除「義理」之學外，康有為強調古代「禮、樂、射、禦、書、數」等「六藝」為「切於民用」的實學，[41]主張按照近代新知識和科學精神進行改造。[42]六藝之中，康有為特別重視數學，甚至將之誇大到不切實際

40　《公法會通》，《康有為全集》第1卷。
41　《教學通義・立學第十二》，《康有為全集》第1卷。
42　參看《康有為全集》第1卷，第142—152頁。

的地步，「凡算學大明，必其政事大修、文物大盛之際」。[43]這種看法，固然表現了幼稚，但也說明他認識到了數學在近代科學中的重要地位和學習西學新知的迫切願望。按照康有為稍後的設想，還要以各種「專門之學」來代替「六藝」的學科劃分。這些專門之學包括「詞章學、樂學、魂學、數學、化學、醫學、天文學、地學、格致學、藝學」等等。[44]教育內容的更新為知識領域的開拓創造了條件。康有為認為，知識領域從狹至廣有四個層次：「八股之文，八韻之詩，竊甲第，祭酒於鄉」，這是「曲巷陋儒之尊大」的層次。「游大師之門，馳都會之觀，披《四庫》之說，略聞九流之余論，於經則有訓詁、聲音、名物、義理之門，其鉅子曰胡、閻、惠、戴、段五氏奔走焉；于史則有掌故、考據、地理、議論之戶，其鉅子曰萬、錢、王、趙、張、何乞丐焉。破碎而無統紀，繁巨而不關要，著之副墨，嘩之京邑，輕才諷說者榜之揚之」，這是「京邑文儒之尊大」的層次。「老師魁學，舊輩宿齒，通義理之科，講經緯之條，天算金石，異域新學，兼綜並貫，樹論說，立德行，遍閱天下之才，老於當世之事」，這是「大人魁儒之尊大」的層次。上述三個層次的知識，雖然「求之古者之未曾有」，但比起「論天下之事」的第四個層次的知識來，還停留在「好尚未統紀，立學無根蒂，建門無堂壁，經國無端緒」的水準。[45]這個時候，康有為接觸了顯微鏡、望遠鏡等科學儀器，借助它們，他忽然發現自己進入了一個新的經驗層次。「赤蟻若象，日星有環暈光點」[46]的情景給他腦海留下了如此深刻的印象，以至引發起認

43　《內外篇・肇域篇》，《康有為全集》第1卷。
44　《實理公法全書》，《康有為全集》第1卷。
45　《內外篇・覺識篇》，《康有為全集》第1卷。
46　《內外篇・覺識篇》，《康有為全集》第1卷。

識上的一場革命。他開始明白：在人的經驗世界之外，還有一個更加廣大的超驗世界。隨著人們知識範圍的擴大，許多超驗的事物又會變為經驗的事物。[47]統一經驗和超驗世界的知識構成知識的最高層次一「天人之學」。[48]他此時迫切需要一種能力，去體驗和把握這種知識。

康有為終於領悟到了這種最高的認識能力，他用中國傳統的概念「魂」名之。在傳統中，魂主要指能離開肉體而存在的精神，其社會功能是以因果報應勸人戒惡行善。一般而言，它不涉及人的認識能力問題，不能增加人的智慧。康有為改造了這個概念，賦予它新的含義，使其接近歐洲啟蒙時期的「理性」概念。借助它，人能夠「渺造化之跡，通神明之數，氣天宙之合，變動形化，四通六辟，其運無乎不貫」[49]。不過，康有為的概念尚處於形成之中，不夠確定，有時又似乎指人的認識能力的外化，[50]有時則又與迷信混為一談。[51]大體說來，康有為指的魂具備以下幾點特徵：魂是人類大腦的產物：「人之有大腦、小腦也，腦氣筋之有靈也，差不知其然也。」[52]魂是人類智慧的源泉：「人各有一魂，故有知識，所謂智也。」[53]魂所認知的超驗世界與經驗世界之間有內在的聯繫：「若夫上下百年，鑒古觀後，窮天地造化之故，綜人物生生之理，探智巧之變，極救治之道，則義理無定，有可得而言焉。觀其變之動，知後之必有驗也，求其理之

47　《內外篇‧理學篇》，《康有為全集》第1卷。
48　《內外篇‧覺識篇》，《康有為全集》第1卷。
49　《內外篇‧覺識篇》，《康有為全集》第1卷。
50　他以後曾把魂與電等同對待。這裡的電，似應看作電子或物質基本元素。
51　如認為魂在人死後能施因果報應。參看《康有為全集》第1卷，273頁。
52　《內外篇‧理學篇》。
53　《實理公法全書》，《康有為全集》第1卷。

原，知勢之必有至也。」[54]魂的主要功用是增益新知：「賅本末、洽道數，生生之倫拔幽劅而文明。」[55]當康有為從認識論角度提煉出「魂」的概念之後，他就將人類最高的認識能力還給了人自身。這種認識能力突破了儒家中世紀認識論的束縛。在儒家看來，經學知識體系是確定的，任何可能的新知識都被排斥在固有的知識體系之外。釋經的認識方式也是固定的，人的認識能力只能表現為盡力復原聖人的認識。康有為則認為，經典知識體系外的知識，更有認識的價值。人認識未知事物，不再靠經典的解釋或解釋經典，依靠人的經驗知識和抽象思維能力，人同樣可以獨立地走向知識的深處。揚棄了傳統「實用理性」，認識對象的拓寬，使傳統認識得到極大的發展，反過來人的認識能力的新發展，又使認識對象從狹隘的人倫關係轉向了廣闊的未知世界。與此同時，人的認識也就進一步走向了自我。這是中國亙古以來從未有過的真正的理性精神。

認識方法是認識論的重要組成部分，康有為在這方面也做了有益的嘗試。中國傳統不重形式邏輯，所謂方法不過是近似於演繹的釋經學術方法。這種方法很難助人抽象思維，不能推動近代科學的誕生。康有為之前，許多科學家（如李善蘭）在實際科學工作中已經悄悄地突破禁區。康有為則比較自覺地意識到了方法問題，於《實理公法全書》開篇「實字解」一節專門展開了討論。他認為，科學方法是能夠使人認識真理（「實理」）的方法；換句話說，可以使人認識真理的方法是科學的方法。此類方法共有三種：一是「實測」之法，為格致

54　《內外篇・理學篇》，《康有為全集》第1卷。
55　《內外篇・覺識篇》，《康有為全集》第1卷。

家考明實理的方法，大約相當於實驗方法。二是「實論」之法，「如古時某教如何教人，則人之受教者如何；某國如何立法，則人之受治者如何。其功效高下，皆可列為表，而實考之。惟此實論之法，愈今則愈妙，因今之惟恐其不今者」，大約相當於歸納法。三是「虛實」之法，「如出自幾何公理之法，則其理較實；出自人立之法，則其理較虛。又幾何公理所出之法，稱為必然之實，亦稱為永遠之實。人立之法，稱為兩可之實」，大約相當於公理法（演繹法）。接著，康有為大膽嘗試，用當時中國人還較陌生的公理法和歸納法闡述自己的主張。

公理法是古希臘亞里斯多德創立的邏輯體系，基本思想為從不可證明的必然前提出發，運用證明的三段論，推出所有定理。康有為以公理法編排《實理公法全書》結構：全書分若干門，每門先引若干條「實理」為必然前提，然後從實理中推出人們的一般認識或可能的結論作為「公法」，最後對公法作進一步解釋名曰「比例」。上述三步驟從演繹法考察相當不嚴格甚至荒謬。但是它的意義並不在此，它標誌著中國傳統釋經方法已被打破，思想解放的潮頭快要到來。康有為公理法的直接來源為歐幾裡得《幾何原本》的中譯本。《康南海自編年譜》1886年載「作《公理書》，依幾何為之者」的說法，明確肯定了這一點。另外《萬國公報》1875年4月所刊《亞裡斯多得裡傳》一文，也會有助於瞭解公理法。[56]

歸納法是培根建立的近代科學方法，它的推理方法是從特殊事物

56　中國臺灣影印《萬國公報》原缺517—530頁，故未見此文。

中推出普遍結論。康有為《實理公法全書》比較明確地使用歸納法的一段文字是後來修改時加入的。[57]這段文字通過法國巴黎1891年離婚率等多項統計資料，說明「凡男女立約，必立終身之約」等比例的「不合實理」[58]。儘管這段材料為後來修改時所加，但康氏初寫此書時便有應用歸納法的打算。如「禮儀門」下一段說明為：「候大集五洲各國會通禮列表求之。今姑言其大者一二端，以為引例雲爾。」此外，「刑罰門」、「教事門」、「治事門」等門下均有類似的說明文字。康有為歸納法的來源可舉出的有兩條：一是1877年《格致彙編》和1878年《萬國公報》上刊登的《格致新法》一文，該文比較詳細、準確地介紹了培根歸納法內容。如文中有「培根言，獨一真法漸次升高，乃從目睹耳聞習熟之物，即以最小之公論而後升至最高之總論」的描述。一是赫歇爾（當時譯為侯失勒）《談天》一書。[59]赫氏為培根以後發展古典歸納法的主要人物之一。《談天》一書所用方法主要是歸納法。當時，歸納法在中國還鮮有介紹，康有為寫作《實理公法全書》使用的歸納法，大概出自上述二書。

　　至於實驗方法的影響，由於當時西學主要成分為自然科學，這種影響比比皆是，無需再加引證。許多西學新知因有「實測」之據而令康有為深信不疑便是明證。

　　康有為1886年前後敏銳地看出科學方法與西方近代思想之間的深

<hr>

57　《實理公法全書》始作於1886年，而該材料為1891年法國巴黎的統計資料。
58　《康有為全集》第1卷，282—283頁。
59　John Herschel（1792—1871），德國裔英籍科學家和哲學家。他在天文學、物理學和化學等領域均有貢獻。《談天》中譯本初版於1859年，後收入《江南製造局譯書匯刻》。

刻聯繫，並大膽嘗試了幾種科學方法，在中國近代思想發展中具有特殊的地位。愛因斯坦有言：「西方科學的發展是以兩個偉大的成就為基礎的，那就是：希臘哲學家發明形式邏輯體系（在歐幾裡得幾何學中），以及通過系統的實驗發現有可能找出因果關係（在文藝復興時期）。」[60]從這個意義上或許可以說，康有為真正接觸到了西方科學的實質。意義還不止於此。引進西方科學方法意味著在認識論上懷疑中國傳統，這種懷疑精神（以後又體現為重新發現和解釋傳統）給中國大地灑下了最初的理性之光。

1.4　在過去與未來間尋覓

1. 新的文化價值觀念

面對外來文化的衝擊，如何處理中西文化關係，是一個複雜且敏感的問題。多數士大夫固守著傳統文化的壁壘，以「夷夏之辨」的老眼光應付著變化了的現實。這種態度無益於中國文化走向世界的歷史進程，也無助於近代型富強國家的形成。因此，中國文化走向近代，必須首先實現文化價值觀念的轉換。康有為在西學啟發下，從否定傳統文化價值觀念入手，提出了重建文化價值觀念的任務。

「天下觀」是中國傳統文化價值觀念的核心，是一種封閉型的中世紀文化心態，它認為「普天之下，莫非王土」，中國是文化優越的天朝上國，外來文化都是低級的，必然為我所「化」。康有為大膽否

60　《愛因斯坦文集》第1卷，商務印書館，1976年版，第574頁。

定了此種觀念，指出：「尊中國而稱夷狄」的「中國之學」是阻礙中國進步的「義學」，[61]理應破除。中外文化關係是「天下為一家，中國為一人」[62]的平等關係，在某種程度上，外國文化甚至比中國文化還要優越。[63]康有為上述看法明顯受到林樂知的影響，林《環遊地球略述》一文[64]概述地理觀念演變後指出：近代交通以前，大多數國家「莫不以本國為天下之中而視他國則外之也。視己大待人小，天下通病也」。他認為，這種自我中心的「天下觀」在「近來各國相通驕矜」之後或可望改變。因為隨著各國間文化交往，人們便會明瞭：「本國之外尚有多國，此國教化為美，他國教化更有美於此者。反己自思始知前此自大之謬為大非也，且自謂居天下之中輕人重己其流弊也。」

康有為隨後從幾個方面檢討了中國傳統文化的不足之處。首先，兩千年來舊禮教是虛偽、落後的。以人的基本需要「食色」而論，「人好食，則殺禽獸，不仁甚矣。聖人知其不可，陰食之，而陽遠庖廚以養其仁心，欺矣！」「人好色，則爭奪殺身忘親，聖人知其不可，陰縱之，而陽設禮教以束縛之，夫色心之盛，豈能束縛？必至不義矣。」[65]舊禮教只能培養出口是心非的偽君子。從人與人關係講，「尊君卑臣，重男輕女，分別良賤」[66]的綱常，極大地阻礙了中國歷史的進步。其次，漢代以後經學流於空疏和瑣碎，對經世致用的「人道」之學重視不夠，「秦漢之後，經學以虛名相傳，人道之宜，則未

61　《內外篇・地勢篇》，《康有為全集》第1卷。
62　《內外篇・覺識篇》，《康有為全集》第1卷。
63　在《內外篇・地勢篇》中便認為印度乃世界文化發源地，中國文化為其一支。
64　《萬國公報》第11—14冊。
65　《內外篇・性學篇》，《康有為全集》第1卷。
66　《內外篇・地勢篇》，《康有為全集》第1卷。

有留意者」[67]。不管是古文經學還是今文經學，皆「浮華相扇，空論經文」。[68]世風所及，儒生空談義理，不求經世；或是瑣碎考證，不切實用。總之，漢以後中國文化每況愈下。再次，康有為上溯孔子，進一步認為孔子奠立的儒學存在不全面之處。「周公以天位而制禮，故範圍百官萬民，無不曲備。孔子以布衣之賤，不得位而但行教事，所教皆英才之士，故授以王、公、卿、士之學，而未嘗為農、工、商、賈、畜牧、百業之民計，以百業之學有周公之制在也。」[69]雖然孔學的不全面可以理解，但後代之人不用正確眼光看待，卻奉為神聖的教條，孔學便成為貽害千年的病源。最後，康有為朦朧地把批判矛頭指向整個舊文化傳統和社會現實：「得無政事有未修，地利有未辟，教化有未至而使然耶？斯亦為民上者之過也。」[70]

在檢討中國文化若干不足基礎上，康有為比較了中西文化不同特點和形成原因，實際上提出了克服中國文化危機的出路。[71]康有為認為中西文化在觀念形態上表現為「仁」文化與「智」文化的不同。中國「仁」文化的特點是保守、內向；西方「智」文化的特點是進取、開拓。不同地理條件形成了兩大文化的不同特點。中國文化前景必然在東來的西方文化衝擊下得到改造和更新。在當時歷史條件下，康有為超越中西文化價值觀念，比較冷靜地審視中國幾千年文化傳統，瞻望中國文化的未來，確乎是前無古人之論。

67　《論幼學》，《康有為全集》第1卷。
68　《教學通義・立學第十二》，《康有為全集》第1卷。
69　《教學通義・六經第九》，《康有為全集》第1卷。
70　《內外篇・不忍篇》，《康有為全集》第1卷。
71　吳根梁《論康有為戊戌維新前對中西文化形態的比較》一文有較詳盡的論述。載《復旦學報》1986年第3期。

2. 進化的歷史觀

關於社會歷史觀的評價，恐怕是康有為思想研究中爭論最多的話題。許多爭論圍繞著康有為公羊三世說的來源和評價而展開。本文準備另換一個角度，以1886年前後康有為著作為基本材料，與同期西學在中國傳播的文獻進行比較研究，試圖說明：早在康、廖會晤前四年，在西學啟發下，康已經形成比較完整的進化論社會歷史觀。康有為的歷史觀既不是什麼公羊三世說，廖平也沒有對他的歷史觀發生決定性的影響。

公羊三世說屬於循環論歷史觀。在社會學方面，它將治亂相乘的原因歸於政治與道德的相互作用，反映了中世紀人們的歷史觀念—人類社會分久必合、合久必分，總體上保持停滯狀況。不難看出，它與近代進化論歷史觀之間，有兩條鴻溝：第一，人類社會在本質上是停滯的還是進步的；第二，人類社會如果是進步的，政治與道德便無法解釋這種進步，需要探討進步背後更深刻的動因。康有為1886年前後跨過了這兩道鴻溝。

康有為認為，人類社會的產生是宇宙自然進化的結果。「夫天之始，吾不得而知也。若積氣而成為天，摩礪日久，熱、重之力生矣，光、電生矣，原質變化而成焉，於是生日，日生地，地生物」，[72]最後生人。

自然進化的下一階段是人類產生。人類產生後依次形成了從人倫

72　《內外篇‧理氣篇》，《康有為全集》第1卷。

之情到禮樂之教五個方面的人類社會特點。「夫人類之始，有雌雄牝牡之合，即有父子、兄弟之親；有欲而有爭，則有豪長以治之；有冥而合精，則有鬼神以臨之。」親親、尊尊和鬼神觀念產生。「以強凌弱，則茹毛飲血，食肉莫先焉；以智取食，則耕田鑿井，農事莫先焉。」這是第一次社會分工。「有製作，而後有百工傷八材；有米粟、什器，而賈商阜通焉。」後兩次社會分工也完成了。這三次社會分工引起了人類社會生產力的飛躍。隨後，「人治而後有士，誦言以教之，則最後者也。三人具，則豪長上坐，而禮生焉；聲音暢，則歌謠起，而詩出焉；同時而起者也。土鼓蕢桴以為樂，立章約法以為書，更其後者也」。[73] 禮樂文教的產生，標誌著人類進入了文明社會。這一番描述，大體符合上古社會歷史進化歷程。康有為試圖對上述過程給予概括：「凡物，粗者先乎？精者先乎？曰：粗者先。……事物先乎？禮義先乎？曰：事物先。」[74] 由粗至精，由事物至禮義，便是自然和社會發展的規律。康有為對上古史的描述和概括可以在接觸過的西學文獻中發現類似議論。《格致彙編》1887年第2冊《混沌說》寫道：「地球已有人約若干年，間有人說，動物初有者甚簡，由漸而繁。初有蟲類，漸有魚與鳥獸，獸內有大猿，猿化為人。蓋從賤至貴，從簡至繁也。」[75] 前後結論一致，但描述差別很大。康有為的上述說法，大概不會出自這篇文章。不管怎麼說，可以肯定的是，進化學說此時已傳入了中國。康有為的進化思想必定得益於它的啟發。

　　有趣的是，康有為對直立與人類形成關係也有所認識：「虎豹之

73　《內外篇‧性學篇》，《康有為全集》第1卷。
74　《教學通義‧原教第一》，《康有為全集》第1卷。
75　同冊《格致彙編》還有《生氣說》一文，也以類似的說法談論過進化問題。

強，龍鳳之奇，不能造為文字，而人獨能創之。何也？以其身峙立，首函清陽，不為血氣之濁所熏，故智獨靈也。」[76]這段話從側面證明，康有為此時確實接觸到了人類起源進化學說。

上古以來的社會是如何發展的呢？康有為劃分了四個階段。它們分別是：「上古之時，智為重。」因為上古之時，「前聖開物成務，制器尚象，利物前民，又以為不足。精其飲饌，美其衣服，飾其宮室。華以禮樂，晝夜竭其耳目心思以為便民，仁之至也」。透過對上古之時社會狀況的理想化的描述，我們可以發現，「晝夜竭其耳目心思」，實際是氏族社會先民們竭盡全力方能維持溫飽的生產力水準的寫照。然而，康有為卻給予上古社會很高的評價，認為互助互愛精神（仁）是一種「智」，上古社會是美好的。這固然表現了康有為進化思想不成熟的一面，還拖著中世紀觀念的尾巴；但另一方面，它又何嘗不是對現實不合理社會的批判和大同理想的寄託呢？康有為接著寫道：「三代之世，禮為重。」因為「謂吾之所以便民者至矣，雖加之智，其能使天下之民，普富貴安逸耶？吾專事禮，使天下人養生送死，日從事於此，以畢其取，足矣。當是之時，民惟禮之務，小斂之奠東西方，袞之褟襲，斤斤焉講求之，以自尊足」。當人們基本物質生活滿足後，貧富不均的現象隨之發生。文教禮儀的最大功用便是讓不同身份的人們安於現狀，「以自尊足」。這種以禮為特徵的等級社會比較起上古來自然是略遜一籌了，故「禮為次」。接下來為長達兩千年的專制社會。「秦漢至今，義為重。」因為「秦漢以後，既不獨智以為養，又不範禮以為教，時君世主，以政刑為治，均自尊大，以

76　《廣藝舟雙楫》（1888年），《康有為全集》第1卷。

便其私，天下學士大夫相與樹立一義其上者，砥節行、講義理，以虛言扶名義而已，民生之用蓋寡矣，故曰義為下」。康有為揭露專制殘暴和義理虛偽可謂深刻。上述三個階段，初看容易給人一代不如一代的感覺。其實，康有為痛斥秦漢以來的黑暗現實正是為了改造社會以求進步。另外，受史料限制，他認識古代社會主要根據是美化上古的「正史」，因此不可苛求。不過，從立論角度看，康有為這段敘述的出發點是社會正義原則，不是社會物質進步原則。如「禮為重」的「三代之世」，不過是「上古之世」「便民者至矣」，即生產力發展的結果。康有為看到了這種進步，也看到了伴隨進步的倒退。他還不能明白，人類的進步，在一定時期內往往以某種「非」正義為代價。他所理解的人類進步，是物質進步與正義原則的同步發展。這倒與歐洲啟蒙思想家不謀而合。他們的共同特點是以人類的理性作為評價進步的尺度。然而，理想化的理性與社會實踐之間，必然存在著某種不協調，特別在階級社會。正義原則歸根結底要服從社會生產的進步，這是不依人的理性為轉移的客觀規律。儘管存在這種思想矛盾，康有為仍然堅信人類進步的必然趨勢。他大筆一揮：「後此之世，智為重」[77]，掃去上述陰霾的氣氛，指出了光明的未來。至於「後此之世」的情景，康有為此處未加描述。我們從他另外的論述中可以找到某些端倪。第一，後此之世是美好的。「吾謂百年之後必變三者：君不專、臣不卑、男女輕重同、良賤齊一。」[78]第二，「後此之世，智為重」與「上古之時，智為重」的「智」，本質相同，都是對互助互愛精神的肯定（仁）和對人及其能力的尊重，但程度上有巨大差別。

77　《內外篇·仁智篇》，《康有為全集》第1卷。
78　《內外篇·人我篇》，《康有為全集》第1卷。

「後此之世」，人的智在認識改造自然方面必然發生極大的擴展。即令今日，堯舜禹湯周孔在望遠鏡、顯微鏡和現代地理知識面前也會自歎弗如，[79]何況「後此之世」呢？

以上人類進化的前途，實際上已經醞釀著「大同」的最初設想。「後此之世，智為重」的智，包括兩方面含義，一是人類對自然的認識和改造，二是人類對自身的認識。人類通過這兩方面走向博愛的境界。「人道以智為導，以仁為歸。」所以博愛才是人類之智的真正歸宿。「仁者愛之，智也。」[80]實現這種理想，即「人人皆得樂其生、遂其欲、給其求」[81]，「君不專、臣不卑、男女輕重同、良賤齊一」[82]。人類便達到了「大同」的境地。「仁者，天地凡人類之同也。」[83]

探討歷史進化背後的動因，是康有為新歷史觀的另一貢獻。他引入傳統「智」的概念，加以改造，賦予其近代內容。首先，智是人道最重要的概念，它的地位在仁、義、禮、信之上。康有為承認：「吾昔亦謂仁統義、禮、智、信。」後認識到：「人道之異於禽獸者，全在智。……夫約以人而言，有智而後仁、義、禮、信有所呈，而義、禮、信、智以之所為，亦以成其仁，故仁與智所以成終成始者也。」可見智是基礎，仁是目的。其次，智是社會進化實現至善的根本動因。「人道以智為導，以仁為歸。」「人惟有智，能造作飲食、宮室、

79　參看《內外篇・仁智篇》，《康有為全集》第1卷。
80　《內外篇・仁智篇》，《康有為全集》第1卷。
81　《內外篇・不忍篇》，《康有為全集》第1卷。
82　《內外篇・人我篇》，《康有為全集》第1卷。
83　《內外篇・仁智篇》，《康有為全集》第1卷。

衣服，飾之以禮樂、政事、文章，條之以倫常，精之以義理。」[84]智既推動著人們創造物質財富，又推動著人們創造精神財富。由於智，人們脫離了動物界，戰勝了野蠻狀態，進入了文明社會。中國中古社會由於智的衰落，淪入長期停滯和黑暗。隨著近代社會的來臨，智將再一次得到推重而引導人類社會實現新的飛躍。[85]最後，智的內容既包含人類對自然界的認識和改造，又包含人類對自身的認識。就前者而言，西方近代科學技術極大地拓展了人們的視野，許多堯舜周孔連想都沒有想到的事情，今天借助科學手段變成了現實。[86]就後者而言，「人類之生，其性善辨，其性善思，惟其智也」[87]。這種思維能力外化為物質進步，物質進步反過來又促進人類對自身認識的深化。當自我認識達到「吾以天天為家，以地地為身，以人類為吾百體，吾愛之周之，血氣通焉，痛癢覺焉」[88]的程度，便實現了對自我本質的把握。馬克思《1844年經濟學─哲學手稿》認為，人的自由就是對自己本質的全面佔有。從這個意義上可以說，康有為的「智」孕涵著真正哲學意義上的自由觀念。以智解釋社會發展的動因，是康有為的創造。這個創造既來自西學的影響，又代表了西學影響下中國先進知識份子的共同認識。西學影響主要反映在《萬國公報》上，如《中西相交之益》一文認為：「格致一道最足增人智識，根於實學，非遁於元虛，為救時之急務，而中國未能知其要領也。若是者則西國之格致宜考究也。」這段話強調了科技（格致）與智的關係，指出救中國的辦

---

84   《內外篇・仁智篇》，《康有為全集》第1卷。
85   參看《內外篇・仁智篇》，《康有為全集》第1卷。
86   參看《內外篇・覺識篇》，《康有為全集》第1卷。
87   《教學通義・原教第一》，《康有為全集》第1卷。
88   《內外篇・覺識篇》，《康有為全集》第1卷。

法唯有學習西方科技增長智識一途，充分肯定了智與科技對社會進步國家強盛的意義。再如《善惡理征》一文指出：「人之智慧一開，其才幹則由惑而遂通，由漸而致廣。」智慧為人認識事物的能力，隨著智慧的增加，人的認識能力也愈強。至於人的自由，不過是人「內心之願欲」的外化。[89]當時中國先進分子的認識，舉郭嵩燾為例。1880年10月，他在一篇文章中談到：「西洋以智力相勝垂二千年。」[90]西方的進步和強大完全得力於智力的發達，中國若想自立，必須交接西方，學習先進科技，以推動國家的進步。

由於進化思想對康有為的影響，他在論述社會進化動力的時候，也朦朧地注意到了競爭的因素。「人事之義，強弱而已矣。」他分強弱為兩類：「有以力為強弱，有以智為強弱。」不言而喻，他欣賞後者。不過他又認為，為了能在競爭中立足，「期待有益於己」，必須通過「矯世弊」和強調「勢」來增強危機感。所以他倡言「勢生理，理生道，道生義，義生禮。勢者，人事之祖，而禮最其曾、玄也」。[91]空談禮義，沒有勢作後盾，無益於世事。只有具備強大的實力，才能有所作為。康有為此時已粗通世界歷史，[92]也接觸過類似的觀點，[93]故發表上述言論，不為偶然。

對歷史進化的描述和進化動因的探討，使康有為歷史觀表現出進化論的特色。但是，至此他仍然無法合理解釋中西歷史發展的巨大差

89　《萬國公報》第15冊，9577、9597頁。
90　《采郭侍郎論》，《萬國公報》第13冊，7609頁。
91　《內外篇・勢祖篇》，《康有為全集》第1卷。
92　據《康南海自編年譜》，他1883年便已讀過「各國史志」。
93　《佐治芻言》第七章：「歐洲各國其初，皆系極小之邦，因能發憤自強，用兵兼併連界土地，遂漸漸成為大國。」

異，何以原來強盛的中國會逐漸落後於西方。這一至今困擾歷史學界的問題，康有為當時更不可能解決。不過，他畢竟給出了有一定合理因素的解釋。他的理論根據是18世紀啟蒙時期流行的地理環境決定論。他認為，中國地理「截」與西方「散」的不同特點，決定中西歷史的差異。「中國地域有截，故古今常一統，小分而旋合焉。」決定了文教「夫斂者、聚者、義者，皆引而入內」。而「泰西山川極散，氣不團聚，故古今常為列國，即偶成一統，未幾而散為列國焉」，決定了文教「散者、辟者、仁者，皆蕩而出外」。所以「二帝、三王、孔子之教，不能出中國」，而「耶穌、泰西能肆行於地球也」。「泰西之政教盛行于亞洲必矣[94]。」這種歷史觀比較起中世紀的神創論來，畢竟是一種進步。

上述事實說明，早在1886年前後，在西學的啟發影響下，康有為已經形成了比較系統的人類社會歷史進化觀念。這一觀念既包括對人類起源、發展到大同社會的進化趨勢的描述，又包括對人類社會發展動因，不同文化差異原因等理論探討。從總體上說，這一歷史觀念呈現鮮明的唯物主義色彩，又吸收了中國傳統辯證法的某些特點。它表現為：第一，人類社會是自然演化的結果和一部分，並非神創。人類產生遵循了先物質後精神、物質決定精神的客觀規律。「夫有人形而後有智，有智而後有理。理者，人之所立。」[95]第二，人類社會是進化的而非倒退的或迴圈的。第三，推動人類社會進化的動因是「智」，即人的智慧及其外化。它們分別為智的物質和精神形式，兩

94　《內外篇・地勢篇》，《康有為全集》第1卷。
95　《內外篇・理氣篇》，《康有為全集》第1卷。

者相輔相成，對立統一。就當時的歷史條件而言，康有為的歷史觀已達到了相當高的水準。如果我們再把下面將要談到的現實政治主張聯繫起來觀察，就會發現，康有為此時已經勾畫出了中國社會通過君主立憲制走入近代再邁向大同的發展藍圖。以後這一觀念成為他終生不渝的信條。所謂「公羊三世說」等等，不過是這個信條的一種表達形式罷了。

3. 民主政治的設想

康有為的政治觀可以說是他思想體系中受到責難最多的部分。本文不擬對此多加評論，僅力圖說明，康有為的政治觀是他以西方資產階級民主制為武器，為解決中國現實問題開出的一劑藥方。

康有為在政治體制上主張君主立憲制。按他的解釋，這種制度的政治學基礎是「以平等之謂，用人立之法」。因為維繫人類社會秩序，單憑正義、道德觀念不能奏效，「蓋天下之制度，多有幾何公理所不能逮」，還需要人們制訂法律來保證。「無幾何公理所出之法，而必憑人立之法者。」但是，「人立之法」必須「最有益於人道」，即「以平等之意」立法。就是說，「人立之法」的基礎和出發點是人的「自主之權」。如何保證這一點呢？康有為提出：「人立之法」由「眾共推之」。代表公意的「人立之法」庶幾接近「平等之意」。君臣、君民關係的規定，出自「人立之法」。當初「民之立君者，以為己之保衛者也」，直到目前，這一規定仍有積極意義。中國政治制度改革無需廢棄君主，只要將「人立之法」的「法權歸於眾」而「聖不秉權」，就可以革除專制弊端，保證人民的平等權利。在這種制度

下，各級官吏由民主選舉產生，「地球各國官制之最精者，其人皆從公舉而後用者」。君主不應干涉官吏的任免，「官吏之疏陋者，用人則以為君者一己之私見，選拔其人而用之」。上述措施能夠保障各級官吏為民服務。至於君主，原沒有什麼神秘的色彩，百姓選舉的各級官吏皆可以君稱之。「官者民所共立者也，皆所謂君也」，他們不過是為民服務的人員罷了。康有為還從曆法主張上進一步否定了君權神授的觀點。他認為「以聖紀元」「甚不合實理」，而「以君紀元」「更無益於人道」，唯「以地球開闢之日紀元，合地球諸博學之士者，考明古籍所載最可信征之時用之。而遞紀其以後之年曆學，則隨時取曆學家最精之法用之」，為「最公之法」。這未免有失幼稚，但在當時敢於提出破除「以君紀元」的大膽主張，無疑是對專制君權的一種反抗。康有為設想的君主立憲制政體，行政權屬議院。「立一議院以行政。」不過在解釋時，他又把行政權與立法權混為一談。看來，康有為此時掌握的西學知識，還不足以使他將立法、司法、行政三權區分清楚。他的君主立憲制政體大概面貌如下：康有為不主張直接民權（「民主」），他的「議院」掌行政權，立法權在「議院」和人民之間恍惚不清，司法權則毫無涉及。[96]這些，反映了他當時西學知識的粗陋，更反映了過渡時期的矛盾。他畢竟是在舊學薰陶下成長起來的知識份子。然而，就本質而言，康有為的君主立憲制政治主張，明顯屬於資產階級民主制範疇。首先，立法權歸於民眾或由民眾參予立法。其次，各級官吏由人民選舉產生，以保證他們對人民負責。再次，行政權歸議院。最後，君主被架空，純粹成為權力或民意的象徵，不但

96　《實理公法全書》，《康有為全集》第1卷。

往日君權的內容盡遭剝奪，且籠罩在君主頭上的神聖光環也被掃蕩。下面，我們考察一下康有為君主立憲制的西學之源。早在1875年6月，《萬國公報》上便刊載過一篇題為《譯民主國與各國章程及公議堂解》的文章，介紹了西方民主制的基本原則、內容以及民主化的一些手段。關於基本原則，「泰西各國所行諸大端，其中最關緊要而為不拔之基者，其治國之權屬之於民，仍必出之於民，而究為民間所設也。推原其故，緣均是人」。這似乎是國內「民有、民治、民享」見諸報端的最早說法。關於制度內容，「其中之最要者言之，不過分行權柄而已。……約舉其目，蓋有三焉：一曰行權，二曰掌律，三曰議法」。其中「行權」由君執行。雖然「治國之法亦當出之於民，非一人所得自主矣。然必分眾民之權匯而集之於一人，以為一國之君。此即公舉國王之義所由起也。而輔佐之官亦同此例矣。第以眾民之權付之一人，為其欲有益於民間而不致有叛逆之事與苛政之行，此之謂章程也」。不過作者此處的君既指總統制下的總統，也包括君主立憲制下的君主。「傳位之國君為尊，歐洲各國之法是也。若美國與南亞美利加各國，由公舉而為君者是也。」[97]前述林樂知《環遊地球略述》一文，介紹了日本明治維新的幾條政綱：「夫日本國皇自興新政以來朝綱獨攬，特于軍機大臣懿戚屏藩前毅然矢誓：其一曰欲設國會如公議堂然，其二曰欲凡事必由公議始定，其三曰欲古者遺傳之禮儀規矩悉掃除而更張之，其四曰欲行事公平無偏黨之弊，其五曰欲延聘各國之才高學博者以輔興邦之基。斯乃明治皇帝踐祚執政第一事焉。」[98]該文還從七個方面簡要介紹了美國政治制度。值得注意的是，康有為

97　《萬國公報》第2冊，1083頁。
98　《萬國公報》第12冊，7169頁。

此時已經注意到了日本明治維新的政治改革並有所評論。[99]此外,《佐治芻言》等書中也提及西方民主制度。如該書第十章說過:「民主之國,其原意欲令眾人若干時公舉若干人為眾人代立律法,又為眾人選擇才能兼備者以為國主。美國行此法已經數代,百姓稱便焉。」所有這些都說明,西方民主制思想已經傳進了中國,它們與康有為的政治觀之間,有理論上的聯繫。

為什麼中國要改革政治,實行君主立憲制呢?康有為認為最重要的原因是中國已經落後於西方。由於「政事有未修、地利有未辟、教化有未至」[100],使得社會生活方面「窮民終歲勤動而無以為衣食也」;文教方面「浮華相扇,空說經文」[101],不重實學。如此發展下去,「強弱」紛爭的世界會使我泱泱華夏「聖倫」泯滅、「王教」墜毀,[102]走上印度「中弱於漢,羅馬中弱於唐」[103]的道路。要想趕上西方列強,首要之務為「審時勢、通民心」,認清形勢,爭取人民的支持。然後「酌古今之宜,會通其沿革,損益其得失」,制訂正確的改革方案。從中國條件看,教化未備,[104]且有君主制傳統。應當利用中國人普遍接受的「君權獨尊」之「勢」,「震之以雷霆,潤之以雨澤」,大膽改革,「富農」、「阜商」、「精百工」、「開學校」、「練水陸之兵師」,「三年而規模成,十年而本末舉」,「內治修矣,而後外交可恃」,則二十年內必「為政於地球」[105]。得出上述看法,康有為承認「日本王睦仁

---

99 參看《內外篇‧闔辟篇》,《康有為全集》第1卷。
100 參看《內外篇‧不忍篇》,《康有為全集》第1卷。
101 《教學通義‧立學第十二》,《康有為全集》第1卷。
102 參看《內外篇‧闔辟篇》,《康有為全集》第1卷。
103 參看《內外篇‧肇域篇》,《康有為全集》第1卷。
104 參看《教學通義》,《康有為全集》第1卷。
105 參看《內外篇‧闔辟篇》,《康有為全集》第1卷。

之變西法也，並其無關政事之衣冠正朔而亦變之，所以示民有所重也」[106]的經驗對他有所啟發。

康有為政治觀中還包含著萌芽狀態的法治觀念。《實理公法全書》「刑罰門」只有「無故殺人者償其命，有所因者，重則加罪、輕則減罪」一條法律條目，但他解釋：「此門俟譯出各國律例之後列表求之，今先發一端，以為引例。」說明他對西方法律比較重視，有效法西方法治的動機和具體打算。另外，該書中對西方「人立之法」的分析，也說明他希望有適當的法律約束社會生活。這方面西學的影響，除《萬國公法》[107]等西方法律書的中譯本外，首推《佐治芻言》。如該書第二章有「是以國家所立律法章程，俱准人人得以自主，惟不守法者，始以刑罰束縛之」等文字。

非暴力的漸進變革觀點，除了依據中國現實的考慮之外，亦是康有為政治哲學的一大特色。他認為，推行自己的主張，哪怕它「最有益於人道」，「行事亦當有次序」。目的是避免「驟變而多傷之患也」。[108]為此，他提出兩條措施，一是施行自己的主張前，先大加宣傳，使其深入人心。「惟公法之意，須令人講求極熟，使其心深此理，自然樂行，直至反強其不行而不可，乃共行之。」這可以防止「驟舉公法以強人，至其事決裂而多傷者」情況的發生。一是以「勢」就下，利用中國人的權威觀念，「挾獨尊之權……一二人謀之，天下率從之，以中國治強，猶反掌也」。[109]獨尊的目的是避免動亂，以更

106　參看《內外篇‧闔辟篇》，《康有為全集》第1卷。
107　《萬國公法》，丁韙良譯，同文館1864年版。
108　《公法會通》，《康有為全集》第1卷。
109　參看《內外篇‧闔辟篇》，《康有為全集》第1卷。

好地推行政治改革。這一時期，由於以傳教士為主的西學傳播隊伍的特點（具有濃厚的基督教反暴力思想），西方資產階級革命的學說在報刊上很少有反映，不能不對康有為的政治哲學發生影響。

通過分析康有為政治觀，我們在具體政治主張和改革具體措施方面所獲不多，比較起後來七上皇帝書洋洋灑灑的文字，甚至顯得有些空泛。儘管如此，我們卻不難感受到兩者的內在聯繫，這就是對西方民主制度的信念和勇於面對實際的理性態度。事實說明，早在1886年前後，康有為的政治觀已突破了中世紀的禁錮，形成了近代民主政治觀念。此時，這一政治觀的意義，更多地在於民主精神和啟蒙意識，而不在於具體改革方案。因為各種民主政體方案的比較，尚未成為歷史進步的焦點，僅僅是提出方案，就足以鼓舞起進步青年為改造舊制度而鬥爭。

1.5　叩響新時代的大門

通過描述康有為理論體系，一個啟蒙思想家的形象凸現在我們面前。康有為啟蒙思想的價值在於，他第一次比較全面地回答了中國傳統思想從中世紀向近代過渡所面臨的一系列問題。由於具有與歐洲不同的中世紀社會歷史條件，中國啟蒙任務同歐洲啟蒙運動也不盡相同。中國首先要解決的是個體與群體的關係。在中國，群體利益高於一切，個人權利被淹沒在至上的群體利益之中，維繫這種關係的是以三綱五常為代表的整套綱常倫教。人類在戰勝自然和自我進化過程中為了自身發展而結成的團體與表現出的社會性，被異化為壓抑人類的

工具。很顯然，中華民族走向解放必須拋棄虛假的群體利益，使個體與群體的關係建立在個人權利的基礎之上。康有為針對中世紀以「天理」否定「人欲」的說教，呼喊出「天欲而人理」的口號，從肯定人的自然欲望入手，提出了全面肯定人的自主權利從而實現人的解放的理論主張。在此基礎上，康有為進一步探討了人類社會的由來及其發展，以世界的眼光和進化的觀點揭示出專制制度的歷史侷限性，指出隨著社會的發展和人類理性的進步，人類必將經過民主而走向大同。如同歐洲中世紀教會的權威代替人們的自主思維一樣，中國聖經賢傳長期以來也是中國人認識世界和評判是非的唯一源泉和標準。康借助西方近代實證精神，結合中國考據學實事求是的傳統，極大地衝擊了這種迷信和愚昧的思想方法。對個人權利和實證精神的肯定，對專制制度的否定，構成康有為啟蒙思想的三大課題。同時它恰好是中國近代啟蒙運動的主要任務。因此，康有為的啟蒙思想，也就開闢了中國啟蒙運動的道路。他的後繼者們在不同的歷史條件下，重複和深化著這些課題，繼續完成著這一尚未完成的任務。以民主和科學為旗幟的五四啟蒙運動，其民主便是康有為肯定人權和否定專制制度思想的延伸，而科學則在很大程度上承襲了實證精神以反對迷信和權威。直到今天，康有為提出的啟蒙課題仍然折射出不熄的光芒。

康有為啟蒙思想的特點有二。第一，不簡單拋棄傳統，而以西方近代精神重新解釋傳統，努力實行傳統的創造性轉化。康有為的著作，幾乎涉及傳統思想的所有重要概念，闡述這些概念過程中多少都融入了他的新識（到了下一階段，他進一步發展為對思想觀點和學說體系的重新解釋）。在此只討論他對仁、智、魂三個概念的解釋。

「仁」是儒家思想的核心概念，原始意義為有差等的愛的精神（仁要符合禮的要求）。理學很少討論仁，但它的基本涵義沒有變化。康有為重新解釋的仁以平等為前提，表現為無差等的、普遍的愛的精神（博愛），並將傳統注重人的修養境界轉換為注重追求人類進步的至善境界。「智」的內容在傳統思想中頗為簡略，主要表現為待人處事的明智態度或對人際關係的正確把握。康有為運用近代認識論把智擴充為涵義十分豐富的概念。它既包含人的認識能力及其外化（科學技術和各種知識），又包含人對自我的把握。可以說，康有為智的概念，已接近我們今天智慧的涵義。「魂」屬於傳統中最腐朽的一類概念，主要指獨立於肉體之外的人的精神，多用來宣傳因果報應等迷信思想。康有為試圖化腐朽為神奇，接過它的神秘的、無所不能的涵義，引導入認知的軌道，在人類經驗世界和未知世界之上，建立起統一的最高的認識能力，使其接近於18世紀歐洲啟蒙運動的理性概念。這一努力也許終究沒有成功，但它所宣導的人類理性，衝破了傳統封閉的知識體系和認知方式的束縛，為接受一切人類新知創造了認識論條件。康有為對傳統的重新解釋是有選擇的、慎重的。他注意發現傳統中的積極因素，並使之與近代精神結合；同時也淘汰了傳統中一些他認為已經喪失生命力的概念。「義」在康有為思想中，便屬於這一類概念。他認為，義是中國以等級制和政治道德規範為代表的中世紀思想觀念的核心概念，所以採取了基本否定的態度。康有為這種對傳統既不迷信，又不輕易否定的態度，以西方近代精神改造傳統，實行傳統創造性轉化的方法，會給後人留下什麼啟發呢？

　　康有為啟蒙思想的另一特點是從中國實際出發，不回避中國面臨

的實際問題並力求解決之。他的啟蒙思想和政治改革主張都鮮明地體現了這一特點。康有為啟蒙思想的著眼點是改造中世紀阻礙人們進步的觀念，為中國社會走入近代掃清思想道路。在接受西學和構造思想體系過程中，他既無意追隨西方哲人探索深奧抽象的哲學難題；也不像傳統思想家囿於倫常事理，或僅守住幾個哲學概念喋喋不休地爭辯。他的眼界開闊，討論問題卻抓住與現實相關的理論問題深入展開。因此，對有些問題只做簡單處置了事（如認為道、理為同一概念等），難免有粗疏的弊病。他的政治改革思想更是立足於中國現實。提出君主立憲制政治主張，除了西學傳播的因素之外，他主要根據於中國的社會現實狀況和傳統特點。這就是利用幾千年專制制度給人們形成的權威意識，以君主之「勢」推行政治社會改革，以儘量避免社會動亂。改革的過程，又是啟蒙宣傳和「開民智」的過程。中國政治社會改革完成之日，便是啟蒙任務完成之時。康有為上述主張，幾十年來多被貶為資產階級改良主義，特別是與資產階級革命主張相提並論的時候，其實這至少是對康有為本人的誤解。深入研究康有為著作不難發現，他對君主立憲制沒有特殊的偏好，政治改革源於對國情的認識，君主立憲制是他從中國實際出發提出的救國方案。在他的思想體系中，改良並沒有提升為普遍的政治哲學觀念。我們判斷政治主張的優劣，不應以是否激進作為標準。究竟如何看待康有為的政治觀，現在到了作出實事求是評價的時候了，儘管這一評價可能會動搖中國近代史的一系列固有結論。

康有為的貢獻還不止於此。他所指出的中國傳統文化走向近代的途徑，儘管由於種種原因長期遭時代冷落，被後人誤解，但隨著歷史反思的深化，它的價值將逐漸顯現出來。

第二章

「貌孔心夷」的「今文學家」

1890年之後，康有為學術思想又發生了一次重要變化，從漢宋兼採、今古雜混走向專尊今文。正是此次轉變，使他如一顆明星冉冉升起。學者政客紛紛把驚訝的目光投向粵中。他得到了許多人的讚美和支持，也受到了幾乎同樣多人的責難和反對。支持與反對的聲浪凝結成晚清思想界新舊爭鬥的焦點之一。儘管這場鬥爭以「兩考」「奉旨毀版」告一段落，但由此刮起的「颶風」從根本上動搖了頻告危機的中國學術思想的千年秩序，為稍後興起的新文化運動作了學術準備。

關於康有為歸屬今文學營壘的說法，先有康本人的自供，後有章太炎的攻擊和梁啟超的推闡，從此成為不移的結論被人們接受，並從正反兩方面被反覆論述。遺憾的是，如此輝煌的「今文學家」既沒有能培養出幾個像樣的「今文學」弟子，也沒有能使今文在身後發揚光大。其中緣由，除了晚清社會的變動和康命運的沉浮之外，康氏「今文學」內容本身也值得充分研究。倒是當時反對派「貌孔心夷」的說法似乎點破了某種玄機，可惜不被人解。康有為到底算不算個「今文學家」？算個什麼樣的「今文學家」？對上述兩個問題的解說，是近代學術思想史上一個饒有興味的課題，也大體可以勾畫出康氏1890至1898年間學術思想的發展脈絡。

2.1 也說「羊城之會」

1890年康有為、廖平的「羊城之會」，是康有為轉向今文學的契機之一，也是近代學術史上的一椿公案，至今眾說紛紜尚無定見。其實問題實質不在於康氏是否受到了廖氏影響，而在於這種影響到底有

多大。說清這個問題，恐怕不能就事論事，而應從尋找康有為學術思想演變的路數入手。

康有為從不是一位獨處書齋的學者，國家興亡的責任感和個人政治上建功立業的聖人理想始終伴隨著他。因此，他在政治上失意時才有那麼多的痛苦，捲入政治鬥爭的漩渦時又才有那麼多的權宜之策。他的學術選擇常常適應政治需要，不管這種選擇如何大膽，在流俗看來多麼荒唐，只要認準方向，他都決然而行，義無反顧。康有為的思想體系形成後基本沒有變化，但他的學術方向似乎在不斷變換。這一點常常被敵對的和同情的人們所誤解。其實，只要我們把握住變換背後的動因，那麼變換本身的理路也就依稀可循了。

自投身朱次琦門下，康有為就被其「掃去漢宋門戶，而歸宗孔子」和經世致用的主張所傾倒。朱的經世致用之學，為「經學、史學、掌故之學、性理之學、詞章之學」。[1]這種學問，已超越了理學末流的空疏和考據學的瑣碎。其中「掌故之學」，實已萌動著近代自然法觀念的萌芽。但是，在急劇變化著的社會現實面前，這種相對緩慢的變革，對「西學」的強烈衝擊自然顯得有些力不從心。

康有為在朱門下苦讀數年。初懷「以聖賢為必可期，以群書為三十歲前必可盡讀，以一身為必能有立，以天下為必可為」的壯志。但數年過後，「四庫要書大義，略知其概，以日埋故紙堆中，汩其靈明，漸厭之。日有新思，思考據家著書滿家，如戴東原，究複何用？

1　《康南海自編年譜》，中華書局，1992年版，第6—7頁。

因棄之。而私心好求安心立命之所」。[2]他開始不滿足於朱次琦先生的學問，而要探求更新和更切實際的學問了。「南望九江北京國，扴心辜負總酸辛」，新近結識的編修張延秋先生把他的視野從粵中九江引向了京城，他仿佛進入了一個新的天地。

接觸西學使得康有為的思想發生了本質性的轉變（上章已述），與他思想體系形成同時，在表達思想理論主張的學術形式上，他展開了一場艱難而有趣的探險，康有為初識西學便立即意識到，這是本質上比中國舊學更為先進的學問。因此有「盡釋故見而大講西學」之說。此時的他，剛剛結束一場在舊學內部四處碰壁的摸索，猶如漫漫黑夜中望見一線光明，全身心投入西學而樂此不疲，甚至到了如醉如癡的地步。他不但汲取西學的精神，更渴望模仿西學的表達形式，幾何學的簡潔和公理系統的公正與完善，幾乎立即成為他的第一選擇。《實理公法全書》就這樣誕生了。此時他大概受到培根思想的影響（《萬國公報》曾刊載有培根生平學說的若干資料），企圖甩掉傳統的包袱，衝破解經說古的繁瑣論證方式，從簡單的公理出發，經過邏輯推理，得出具有普遍性的結論。對人文社會問題，取如此論說方式在中國自然是前無古人的，這時的康有為，還不能、大概也不願意弄明白，幾何與人類公理之間是什麼關係，用幾何學論證人類公理是否符合人們的認識規律。當然，這篇著作如同康氏的許多著作一樣，當時並沒有公之於眾，因此我們也無法看到社會的反應，不過參考「兩考」發表後的輿論大嘩，估計此書在當時發表，極有可能會面臨兩種情況：一是不被人識，以清冷伴其始終；二是遭到輿論的普遍嘲笑和

2　　《康南海自編年譜》，中華書局，1992年版，第7—8頁。

攻擊。康有為稍後似乎意識到這一點，所以沒有將其發表。不過，在康有為的思想發展軌跡和中國近代思想發展史上，這本著作卻具有特殊的意義。

《實理公法全書》的寫作是康有為表達自己思想的一次極有價值的嘗試。他在努力尋找表達自己理論主張的最有效的途徑。因此，他並沒有阻斷借助傳統學術形式以表達思想的道路。幾乎與此同時，他仿照宋儒先賢的作法，寫下了《內外篇》，闡述關於宇宙人生的看法。康有為沒有解釋過《內外篇》與《實理公法全書》的關係，從內容上分析，如果說後者表達了他的政治學觀念，那麼前者更接近哲學，大概他自覺不自覺地意識到，以傳統概念術語和學術框架表述義理之學更為合適。《內外篇》學術淵源比較複雜，內篇多從先秦諸子的立論入手，又借鑑了明末清初的許多成果。外篇則吸取了老莊、易經、西方進化論、宇宙和地理學的觀念，以此構成了他的基本思想理論體系（上章已有論述）。這種研究路數，比起朱次琦來，無疑大大擴展了視野。西學的吸收自不待言，以中學而論，將朱氏「掃去漢宋門戶，歸宗孔子」擴展為對包括孔子在內的先秦諸子兼收並蓄。這種擴展有助於以更寬廣的胸懷把握中國傳統學術思想以推陳出新。

稍後康有為又寫作了《教學通義》和《民功篇》。[3]《教學通義》內容比較龐雜，除總結周代教育制度，周公的教育思想外，還探討了周代之後經學的得失與經學的流變，其中特別強調了孔子保存六經之

3　《教學通義》的寫作時間，據《年譜》，為《實理公法全書》與《內外篇》之後，從康思想發展的邏輯推論，似也應如此，《民功篇》的寫作時間，《年譜》未載，手稿寫明為1886年作，從內容分析，大約與《教學通義》同時。

功。值得注意的是，康氏在文中一方面沒有明顯的尊今抑古傾向，對周公與孔子的評價，甚至更為推崇周公：「治家常備米、鹽、灶、盎之物，治國並搜巫、醫、農、牧之官，理勢自然。有精與不精，天才與不才，皆不能缺少。必不能坐談高義，舍器言道，遂可家有衣食，國備兵農也。周公以天位而制禮，故範圍百官萬民，無不曲備。孔子以布衣之賤，不得位而但行教事，所教皆英才之士，故皆授以王、公、卿、士之學，而未嘗為農、工、商、賈、畜牧、百業之民計，以百業之學有周公之制在也。孔子未嘗不欲如周公之為萬民百業計也。」[4]與此相適應，康認為「六經」「惟《春秋》獨為孔子之作」，其他諸經，皆孔子於「百學放黜」之際，四處周遊，勤懇收集整理的。總之周公與孔子對中國學術文化的繼承功不可沒，至今仍為士人立身處世的不二法門。「今複周公教學之舊，則官守畢舉。莊子所謂百官以此相齒，以事為常，以衣食為主，蕃息畜藏，老幼孤寡為意，六通四辟，小大精粗，其運無乎不在，外王之治也；誦《詩》、《書》，行《禮》、《樂》，法《論語》，一道德，以孔子之義學為主，內聖之教也。二者兼收並舉，庶幾周、孔之道複明於天下。」[5]論述中，康有為似乎並不重視今古文之別或今古文之爭，也並沒有自覺地將自己劃到今古文之學的哪一個營壘之中。他所關注之點，在於周公「農、工、商、賈、畜牧」等「百業之學」即所謂「經世致用」之學。康氏的「經世致用」之學，與其師朱次琦的論述（「經學、史學、掌故之學、性理之學、詞章之學」）已不可同日而語。朱氏之學基本上仍為「士人」之學，而康氏之學，則已成為具有近代意味的

4　《康有為全集》第1卷，第118頁。
5　《康有為全集》第1卷，第122頁。

「社會」之學了。康有為上返周公，尋求經世之學，無疑受到西方物質強盛的刺激和西學的衝擊（上章已有論述，茲不重複），而企圖在傳統中找到對應的學說，以作為改革的理論基礎。所以，康氏的上返周公，仍然是西學衝擊下的一種反應，仍然是尋找自己變法革新的理論支柱。其間所謂學派論爭的因素，其實是微乎其微的。如果仿照當代學人的習慣，硬要將康氏這一階段的學術傾向作今古文之分，那麼勉強可以算作「今古雜混」。另一方面，康有為在論述中，也開始使用今文學派評價孔子及「公」、「穀」二派的說法：「《公羊》、《穀梁》，子夏所傳，實為孔子微言，質之經、傳皆合。《左氏》但為魯史，不傳經義。今欲見孔子之新作，非《公》、《穀》不可得也。」[6]重現「公」、「穀」二傳的目的無非說明：「自周、漢之間，無不以《春秋》為孔子改制之書……《春秋》既改制度，戮當世大人，自不能容於世，故以微文見義，別詳口授，而竹帛不著焉，亦其勢也。」[7]既講今文，必述三世，康有為捨棄了夏商周三世相繼的舊說，重新界定三世之意：「自晉至六朝為一世，其大臣專權，世臣在位，猶有晉六卿、魯三家之遺風，其甚者則為田常、趙無恤、魏舒矣。自唐至宋為一世，盡行《春秋》譏世卿之學，朝寡世臣，陰陽分，嫡庶辨，君臣定，篡弒寡，然大臣猶有專權者。自明至本朝，天子當陽，絕出於上，百官靖共聽命於下，普天率土，一命之微，一錢之小，皆決于天子。自人士束髮入學，至位公卿，未嘗有幾微暗於之念動於中，故五百年中，無人臣叛逆之事。自親王、大臣不能以怒妄殺一人，以喜妄予一官。士人雖不能通九職、六藝之學，而咸以激勵氣節忠君愛國

6　　《康有為全集》第1卷，第124頁。
7　　《康有為全集》第1卷，第125頁。

為上，而恥於翼奸亂，附權門。自非夷狄盜賊之患，民老死不見兵革，不知力役，耕田鑿井，長子抱孫，咸得保首領于牖下。士大夫取科第就位列，非有作奸犯科之事，皆能酣嬉於衣冠，以沒其世。」[8]

《民功篇》代表這一時期康有為從傳統中尋求變革學術理論形式的另一種努力。他從《繹史》中不厭其煩地引述了大量歷史資料，論證黃帝、舜、堯三世因時變革、創制，以推動中國歷史從野蠻走向文明的進程。其中有兩點頗引人注目：第一，如標題所示，康有為特別強調黃帝等人「民功」之德，即他們在促進古代物質生產發展以帶動社會進步方面的貢獻；第二，美化和讚頌三代「變政」以利民，即改革不適應社會發展需要的舊制度的勇氣。

從常人的邏輯來看，康有為幾乎同時寫作《實理公法全書》、《教學通義》、《民功篇》這樣立論、取材和表述方法都相距甚遠的著作是不可思議的，其實這正反映了他痛苦的探索歷程和急於找到表達自己思想理論手段的迫切心境。寫畢《實理公法全書》，他為此書而演算數學弄得頭痛幾死。從此不再敢涉足幾何學。似乎更為重要的是，他大概發現這樣一本從內容到形式都同傳統格格不入的書，很難在當時引起正面的反響，他所考慮的不光是追求真理，更有動員輿論的策略。因此他放下計畫中系列著作的寫作，[9]又一頭紮進傳統的大海中去摸索。從《教學通義》到《民功篇》，為了批判現實，他把變革的標籤從孔子、周公一路貼到了黃帝和舜、堯，以獲得改革在法理上和

8　　《康有為全集》第1卷，第125—126頁。
9　　按康年譜，他還準備寫作《萬身公法》等書，現在所存康手稿中，就有此類目
　　　錄。參見《康有為全集》第1卷，第305頁。

學術文化上的根據。這些探索無疑給後人留下了寶貴的思想財富，這些著作本身都具有獨立的思想啟蒙價值，但它們當時的「社會效應」應當是不會太大。因為僅從此出發，還不足以衝破以經學為中心的舊傳統的束縛。對傳統的批判，必須從正面切入。康有為自己也並不滿意這些探索的足跡，所以上述著作連同《內外篇》在當時都沒有發表。

如果從經學的角度觀察康有為這一階段的著作，不能說他是一個經學家，更不能因其推崇周公而斷定其為古文學家。他在論及經書內容時，沒有有意識地劃清今古文的界限，以清家門，以守家法。像他那個時代的學者一樣，在對社會人生問題發表自己看法時，不可能不引經據典，更為重要的是，他對今古文經的某些觀念和說法，都曾為己所用，甚至文章前後內容發生矛盾也不在乎，這實在不能算作是一種經學態度。與此相伴隨，由於他探索的多向性，在涉及今文經學時，實際上已包含了下一階段他系統闡發今文經學的許多內容。康有為指出，孔子作《春秋》是為了繼承周公以改制，孔子的微言大義存於《公》、《穀》二傳，他還將今文經學三世觀念應用到中國歷史的劃分。對除《春秋》外的五經，他不像後來那樣都說成是孔子的創作，而比較接近古文經學的說法，認為是經孔子整理得以保存下來的。比照下一個階段，此時對今文經學的肯定性的觀念已基本具備了，而對古文經學的否定性的觀念則尚付闕如。換句話說，「兩考」中《孔子改制考》的內容，此時已在醞釀之中了。

坦率地說，僅有「孔子改制」的思想，還不足以使康有為選定以今文經學作為表達思想的學術形式，當時更為迫切需要的，首先是對

現存意識形態和其賴以生存的學術思想的否定。也就是說，現實更需要一種否定的力量。只有如此，才能衝開阻礙變革的舊意識、舊觀念的羅網。不過儘管這種否定力量康有為還沒有找到，但是，發明孔子改制，推崇今文經學的微言大義和三世之說，實際上為借今古文之爭的公案，用今文觀念否定現存經學，提供了可能性。羊城之會在多大程度上影響了康的思想學術，由於廖平幾番說法的矛盾，更由於康本人的諱莫如深，一直是近代思想學術史的一大公案。筆者認為，考察二人會晤前後思想學術的不同變化和近百年來學術界大量的考證、評論文字，以下兩點可以定論：第一，這次會晤對雙方都有影響。對康有為而言，會晤之際廖平正值學術三變，廖平尊今文，突出孔子微言大義、改制的思想無疑啟發了康以中國士大夫所能接受的傳統形式表達自己思想主張。對廖平而言，以後由天學人學之分開其端的舊學向近代學術的過渡，也能發現康的影響。第二，這次會晤並非如某些論者所言使康有為「盡棄其舊學」，不過是對康已經形成的新學的一種支持。不妨說，這次會晤使康有為找到了合乎國情能見諒於士大夫的表達思想主張的形式。因此，評價這次會晤也就不應過分拔高，它並沒有使康有為思想體系發生實質性的變化。它的主要價值在於為康發表自己主張提供了一種近乎「合法」的形式。它的直接成果是康有為的主張以「兩考」（《新學偽經考》、《孔子改制考》）的形式面世。可以設想，如果沒有羊城之會，隨著康有為思想的展開，他肯定也會發現今文經學的這一妙用。羊城之會，不過是康有為快要成熟的今文思想的催生婆。廖平在羊城給他的啟發，就是藉口偽經而否定現存經典。漢代的劉歆，為兩千年後的改革，做了一次犧牲品。

當然，從思想理論上評價羊城之會是一回事，從文化學上評價康有為重新發現和重新解釋傳統又是一回事。所謂傳統是一種歷時持久、由社會所傳遞的文化形式，它並非一堆僵化過時的死物，而是活生生的現實。它的生存植根於人們的不斷理解和解釋。傳統從中世紀向近代演進，同樣依賴人們用近代精神對它的重新解釋。傳統本身就像一條流動的河，不存在純的形式，每個時代和每個人眼中的傳統，都是相應歷史條件下一種新的理解。傳統便在這種不斷的理解和解釋之下實現自己的生存和進化。只要一個民族仍有生命力，它對傳統的重新解釋便不會停止。全盤繼承傳統或與傳統徹底決裂在實際生活中都不大可能，因為全盤繼承的傳統，不過為繼承者自己理解的傳統，已非繼承者理解之前的面貌；而徹底決裂更難做到，因為決裂者自己就不可能脫出傳統的文化氛圍。相反，徹底決裂倒有可能拋棄傳統中真正有價值的成份。值得探究的是：世界上沒有哪一個民族像中華民族近代以來對否定傳統表現得如此熱心，然而，否定的結果卻導致傳統中糟粕的泛起，否定愈徹底則為害愈烈。歷史證明：文化傳統虛無主義正是傳統糟粕的溫床。從這個角度看問題，康有為以西方近代精神重新發現今文經學和大同思想，又具有革命性的意義。它所指出的方向成為中國傳統文化走向近代的一種切實可行的道路。在此前後的諸子學復興和今天「文化熱」的興起從正面說明了這一點，而幾十年全盤否定傳統與傳統中糟粕的一次次泛起，則從反面說明了這一點。

　　康有為這段曲折的思想變化，當然沒必要告訴學生們，甚至上述幾部手稿，學生們當年也未曾讀過。梁啟超只看到了羊城之會後，其師主張的一大變化，而未能明白此前康有為自己的探索，因此，對羊城之會也就很難作出細緻的分析和判斷。

2.2　打掉聖經賢傳的光環

　　1890年的羊城之會，使苦悶中的康有為看到了一種新的希望。在此之前，他上書不成，接受沈子培勸告，以金石碑拓陶遣，誠所謂「玩」藝術，不過人若有才，玩亦能玩出名堂。《廣藝舟雙楫》被後人推崇為近代書法之巨制，在康那裡，它不過是百無聊賴的散心之作罷了。然而現實社會的黑暗與衰敗仍死死纏繞著他，終日不得安寧。於是康幻想遠走他鄉，求得解脫，「既審中國之亡，救之不得，坐視不忍，大發浮海居夷之歎，欲行教於美，又欲經營殖民地于巴西，以為新中國。既皆限於力，又有老母，未能遠遊，遂還粵，將教授著書以終焉」。[10]1886年康有為基本完成思想體系的構建工作，面對中國岌岌可危的政局，便一直在探索把自己的主張上達天聽，以變法圖強，拯救中國。但是，他直言變法的呼聲，很快淹沒在守舊派「祖宗之法不能變」的聲浪之中。他可以宣傳變動舊秩序，卻無法撼動舊秩序的根基—以經學為後盾的理學綱常名教，他似乎認識到，要變更舊秩序，必須從根本上做起，把舊秩序賴以生存的基礎摧垮是變革的前提。他此前完成的幾部著作《內外篇》、《實理公法全書》、《教學通義》、《民功篇》顯然不能完成這一任務，他在煎熬中尋找著突破口。1890年秋冬季與廖平在廣州的會見給了他一種啟示，利用今文經學論證經典為偽經，以達到否定現存秩序合法性的目的，似乎是一種「正統」而又最簡明的革新之路。於是他立即召集弟子陳千秋、梁啟超等協助其事，很快完成了《新學偽經考》的寫作。

10　　《康南海自編年譜》，中華書局，1992年版，第18頁。

《新學偽經考》的要旨，康有為概括為「始作偽，亂聖制者，自劉歆；布行偽經，篡孔統者，成于鄭玄。閱二千年歲月日時之綿暖，聚百千萬億衿纓之問學，統二十朝王者禮樂制度之崇嚴，咸奉偽經為聖法」。「凡後世所指目為『漢學』者，皆賈、馬、許、鄭之學，乃新學，非漢學也；即宋人所尊述之經，乃多偽經，非孔子之經也。」[11]真是石破天驚之語，如此說來，不單經學內部所謂漢學宋學尊崇的都是偽經，便是二千年來的禮樂制度聖法，亦為偽經餘緒，此語一出，環繞著聖經賢傳的光環黯然無色，從經典中推衍出的綱常名教也頓失正統意識形態的合法性。這樣，《新學偽經考》的問世，就為傳統的近代闡釋開拓了空間。梁啟超在《清代學術概論》中，將《新學偽經考》要點歸納為五：「一、西漢經學，並無所謂古文者，凡古文皆劉歆偽作。二、秦焚書，並未厄及六經，漢十四博士所傳，皆孔門足本，並無殘缺。三、孔子時所用字，即秦漢間篆書，即以『文』論，亦絕無今古之目。四、劉歆欲彌縫其作偽之跡，故校中秘書時，于一切古書多所羼亂。五、劉歆所以作偽經之故，因欲佐莽篡漢，先謀溼亂孔子之微言大義。」並進一步指出它「所產生影響有二：第一，清學正統派之立腳點，根本搖動；第二，一切古書，皆須從新檢查估價；此實思想界之一大颶風也」。[12]這種概括和評價是比較恰當的。

關於康有為《新學偽經考》與廖平《辟劉篇》關係的公案的是是非非，百年不息，恐怕今後仍然是一樁說不清楚的學術公案。二書的形成過程和內容，其實是互有影響，廖平關於劉歆造偽的系統學術觀

11　《新學偽經考》，中華書局，1958年版，第2—3頁。
12　《梁啟超論清學史二種》，復旦大學出版社，1985年版，第63—64頁。

點形成較早，明顯啟發了康有為。不過，廖著作為學術問題展開研究，康著則主要借否定偽經來否定現存秩序，懷抱在改革政治。這是二者的區別，也正是康著造成社會「轟動」效應的癥結所在。《辟劉篇》初稿形成於1888年，當時並未刊行，後屢加修訂，1894年以《古學考》名稱面世。修訂過程中，曾參考了康有為《新學偽經考》的有關內容。李耀仙先生在《廖平經學思想述評》[13]一文中經過考證，從《古學考》中爬梳出《辟劉篇》原意為六個要點。「（一）古學始於劉歆，成於東漢。『劉歆取《佚禮·官職篇》刪補屢改，以成《周禮》。劉歆弟子乃推其書以說《詩》、《書》、《孝經》、《論語》，此皆東漢事。』（二）一切古經皆有作偽跡象。廖平訂為古經的，除《周禮》外，只有《古文尚書》和《毛詩》。其他向為人所稱為古經的，均不是古經（如《逸禮》、《費氏易》）；或無分今古（如《爾雅》）；或本非古經（如《左傳》）；或本無古經（如《論語》、《孝經》）。（三）古經祖周公，不祖孔子；又古經主訓詁，無師法。『哀平以前，博士全祖孔子，不祖周公。劉歆《移書》（即《移讓太常博士書》）亦全歸孔子。後來欲攻博士，故牽引周公以敵孔子。古文學家說以經皆出孔子是也。』又『古學無師承，專以難字見長。……本無師說，故不得不以說字見長。』（四）古學以《周禮》為主。此條系沿襲《今古學考》而來，而易以新說。言歆既改《周禮》，為求相助，其弟子遂推《周禮》之意以說《書》、《詩》、《論語》、《孝經》，其他古經乃相繼問世。（五）古學雖始於劉歆，但與王莽政治勢力有密切關係。哀帝時，歆為《左傳》、《逸禮》、《古文尚書》、《毛詩》請立學官，

13　見《廖平學術論著選集》（一）「代序」，巴蜀書社，1989年版。

移書讓太常博士，受到執政者和博士們的反對，險遭不測。到平帝時，王莽秉政，歆遂藉莽權勢，蓄意創立古學，以與博士所傳今學相對。至歆偽竄《周禮》，純為媚莽篡漢而作。（六）《史記》有劉歆竄處；《漢書》的《藝文志》、《歆傳》、《經典釋文》、《隋書·經籍志》言經學傳授，有後人臆造，不可盡信。」李耀仙先生認為：「《辟劉篇》的六個要點，對康有為的《新學偽經考》都有影響。《辟劉篇》的（一）、（二）、（三）、（四）各要點的主張、解說，《偽經考》與之基本相同。《辟劉篇》的第二要點，把古經形成的情況講得很複雜；《偽經考》在其《漢書藝文志辨偽》一章中，則以一切古經皆為偽篡，倒是乾脆俐落，一目了然。」[14]這是從實際比較中摸到了問題的要害。康有為的本意並不在考證辨偽，而在於推倒古經，利用今文經解釋學為新思想的傳播拓展空間。因此，瑣碎的考證文字無助於闡發新思，只會淹沒智慧的靈光。倒是簡單清晰的論證，更為康有為所需。《新學偽經考》與《辟劉篇》這種立意上的差別，決定了兩書及其作者的不同歷史地位和不同命運。

　　在具體論述中，《新學偽經考》列出十四篇，每一篇都旗幟鮮明，力避繁瑣，不顧武斷之嫌，將複雜的考證問題簡單化。康有為憑藉深厚的學術功底，第一篇起首論述《秦焚六經未嘗亡缺考》，根據《史記》、《漢書》分析秦代沒有也不可能將「六經」悉數焚毀，從而首先抽掉了古文經生存的根基，史學界公認，這是康有為的一大發明，僅從學術價值而言，也高於同時代廖平的著作。從此出發，康有為從容展開對各經典的論說。第二篇《史記經說足證偽經考》，康有

14　　《廖平學術論著選集》（一），第6—7頁。

為通過《史記》與《漢書》對比研究，指出《漢書》已經劉歆竄偽，六經「詩、書、禮、樂、易、春秋」的順序和內容都被修改，自漢代後占統治地位的古文經典便為偽經。「古學皆劉歆之竄亂偽撰也，凡今所爭之漢學、宋學者，又皆歆之緒餘支派也。經歆亂諸經、作《漢書》之後，凡後人所考證，無非歆說。」[15]第三篇《漢書藝文志辨偽》分作上下兩篇，康有為指出：「古今總校書之任者皆有大權，能主張學術，移易是非，竄亂古書。」而「劉歆偽撰古經，由於總校書之任，故得託名中書，恣其竄亂」。[16]劉歆繼承父業，掌教經之權，便可以據己意修改《漢書·藝文志》，甚至連其父劉向撮錄之文，也加以修改，「今以劉向《新序》、《說苑》、《列女傳》校之，說皆不同，知《七略》中無向說矣」。[17]其實自劉歆以來，掌握修史、編書之人，無不通過編改古書來體現自己的思想。「先征之今，國朝《四庫全書總目提要》，群書紀昀主之，演算法則戴震主之。而《四元玉鑒》為中國算學最精之術……則戴震必見其書，而乃不為著錄，蓋欲獨擅其術也。……紀昀力攻朱子，述董亨複《繁露園集》之野言……其他主張雜學，所以攻宋儒者無不至，後生多為所惑。近世氣節壞，學術蕪，大抵紀昀之罪也。」[18]接下來，康有為利用《史記》、先秦及漢代其他著作與漢書的校勘一一剔出經典遭劉歆修改之處。第四篇《漢書河間獻王魯共王傳辨偽》，利用《史記》與《漢書》對河間獻王魯共王事蹟記載的出入，斷言所謂「獻王得書、共王壞壁」純屬子虛烏有。那麼據此產生的古文經當然就失去了存在的真實性，後代經典的

15　《新學偽經考》，中華書局，1958年版，第16頁。
16　《新學偽經考》，同上，第47—48頁。
17　《孔子改制考》，中華書局，1958年版，第48頁。
18　《孔子改制考》，同上，第48—49頁。

迭相傳注也一下子成為了偽經的殉葬品。對於以經典為安身立命、規範社會倫理風俗的意識形態和治國平天下不二法門的統治秩序，這是何等痛快淋漓的一擊！上述幾篇，構成《新學偽經考》的核心內容。

如同世界上許多民族一樣，中華民族在中世紀的正統意識形態依賴於歷代統治者對經典的解釋，在某種意義上，誰擁有了對經典的解釋權（承續道統），誰就擁有統治的現實合法性（承續政統），因此改朝換代之初，新的統治者無不重視奪取經典的解釋權，以做到道統與政統合一。相反，王朝末年，昏庸的統治者公開背棄禮法經說，失去了道統的合法性，那麼，便同時失去了統治的合法性，新的王朝便會取而代之。由此可見道統在維繫中世紀統治中的重要地位。自漢至清末，道統的承續反映在學術思想層面，歷經了漢學、宋學等發展階段。然而，內在一以貫之的脈絡從未中斷或受到懷疑，漢宋之學的差別，實質上是以不同方法，從不同角度對經典的解釋，其尊崇的物件並未發生變化，《新學偽經考》從根本上推翻了綿延二千年道統的根基。既然經典本身的真偽都成了問題，那麼聖經賢傳還有何光彩可言，人們從此不但可以懷疑經典和道統的真實性，對整個統治秩序的合法性也可以投以懷疑的目光了。這正是《新學偽經考》一書的內在革命性意義。不難設想，如果沒有《新學偽經考》對舊秩序內部的這種破壞作用，新文化運動的吶喊恐怕不會迅速得到廣泛的回應。

2.3　改造孔子與改造現實

《孔子改制考》的寫作稍晚於《新學偽經考》，是康有為這一階

段今文經學的代表性著作之一，是與《新學偽經考》前後呼應，一破一立，相得益彰的姊妹篇。《新學偽經考》翻出今古文之爭的舊案，借題發揮，把漢代以後兩千年的經典直斥為偽經，從根本上動搖了道統的根基。對於舊的學術思想及賴以生存的意識形態起到了破壞作用，《孔子改制考》則在《新學偽經考》清算兩千年經學傳統基礎上，重塑道統，將兩千年經學歷史視為空白，先秦的原始孔學和西漢董仲舒解釋的孔子成為今日理解孔子之道的出發點，在兩千年的經學和道統的發展上，這不啻為石破天驚之舉！

使經過歷代改造的孔子返璞歸真，是為了根據己意改造孔子，把層層塗在孔子臉上的油彩洗淨是為了重新打扮，直承孔子重塑道統是為了打著道統的旗幟宣傳自己的主張。道統的承續或背離，是中國思想史上頭等重要的問題，歷史上的思想家和政治家為了成為道統的合法繼承者和發展者，首先要肯定兩個前提：其一，先秦儒學是道統的源泉，就是說自己所闡述的思想只能是先秦儒家經典的發揮，闡述問題的範圍及思想觀念不能超出這個前提，否則就是大逆不道；其二，前代對儒學經典的占統治地位的解釋是道統合法的發展，也是自己接續道統和闡揚經典的出發點。一般來說，在政治、經濟、文化形態沒有大的變化的一段歷史時期內，即使是改朝換代，道統所關心的主要問題也相對比較固定，正是這樣的思維特點使得中國道統綿延幾千年而其統緒清晰可辨。

然而就其實質而言，歷代思想家對道統的重新解釋，無不打上時代的烙印。一個時代的意識形態無非是那個時代社會形態的反映。從反面來說，每一個變化的時代，眾多的對前代道統的繼承發展和對儒

家經典的重新解釋，其比較深刻地表達時代要求的學說，則較易為學術界和思想界所接受，也較易被統治者所採納，從而成為新的道統的繼承者，即被社會和官方認可的道統學說。歷代道統的繼承和發展者大抵都從指出前代道統的偏頗立論，以論證自己真正接近孔子學說的本意。應該說，道統的發展既是根據時代所需，不斷糾正前代偏頗的過程，更是不斷改造孔子學說的過程。就前者而言，所謂糾偏往往表現為重視和發揮孔子學說中被前代忽略的部分，即在孔子學說原本所包含的內聖外王的框架內兩極震盪。就後者而言，先秦儒學在歷代不斷的改造之下，其學說體系層層積累，隨著時代的前進而愈來愈豐富。這種豐富的文化積累將中華民族深深染上了文化治國的特色，以至於在總結治國安邦的經驗教訓之時，人們往往將王朝衰敗的原因歸咎為文化的偏廢，即道統在孔子學說的框架內向一極過分傾斜。因此，中華民族雄風的再立也常常被認作應從重塑道統起步。

道統的形成大抵從漢代始。西漢以董仲舒為代表，提倡今文經學，講究微言大義，以《春秋》為中心。其學說的特點，為論證西漢為夏商周一脈相承，特重災異、天象，認為孔子修《春秋》的微言大義存於緯書之中。其時，各種緯書流布，蔚為大觀。在此之前，中國已沿襲了幾千年的貴族社會，統治者均產生於王室或貴族，戰國七雄即為各地諸侯。隨著社會經濟的發展，舊貴族衰落，社會出現多樣化局面，平民力量上升，出身於社會下層的劉邦終於戰勝舊貴族項羽而取得中央政權。不過，在舊的觀念中，平民做皇帝是不合法統的。顯然，舊的血統論無法為劉邦提供統治的合法性，而天象災異之說卻可以為任何人披上代天執政的外衣。真龍天子是無法驗證的，也是無需

驗證的。正應了西哲的一句名言，現實的就是合理的。所謂天降大任於斯人，其實是新帝王在某種程度上順應了時代的要求。這樣，今文經學就完成了一種新的社會政治學說的理論建樹。作為今文經學的根據，孔子學說也就成為日後道統的出發點。從這個意義上來看，所謂漢代今文經學，本質上是歷史哲學，它的任務是對中國歷史上的王朝更替和社會變革提供合法性的解釋。經過董仲舒改造的孔子之學成為解釋的理論依據，孔子當然也就成為道統的「素王」。

西漢以天象災異為特徵的今文經學隨著統治的衰落漸漸走向反面，過分強調災異之說使得它從宏闊的歷史哲學變為卑微的迷信。西漢劉歆為代表崛起新的學派，試圖用古文經學糾正今文經學的弊端。這個時候，今文經學關於王朝更替和社會變革的學說已經深入人心，去除成熟機體上的贅瘤，保持學說的適當張力，中國文化從此進入了一個相對穩定發展的歷史階段。西漢形成的以孔子學說為中心的道統以後便逐漸形成並開始規範著人們的學術和思想。從形成的那天起，這個框架就是不確定的，極具擴張力的，後人因此把它豐富和改造得幾乎可以包容中國文化的一切因素，甚至道教和外來的佛教。西漢今文經學日漸衰落並非學術思想甚或全部經學的衰落，正如秋去冬來，一樹繁葉紛紛飄落，而枝幹卻未曾就死，它暗存生機，靜待春光的拂臨。孔子學說及已被認定是經他整理或創制的儒家經典，便如同大樹的枝幹，社會的相對穩定不太需要以天象災異來論證王朝更替和社會變革的今文經學，而文化的進步又要求儒家學術有一個大的發展。於是，經學自然而然地走上另一種路數，以文意注疏為特徵的古文經學逐漸佔據了經學的主陣地，這個趨勢一直延續到了唐代。古文經學雖

注目於校勘和注疏之學，但通過整理研究經典以探求孔子思想本意的初衷未改。如果說，今文經學力求發現經典字面背後的微言大義，那麼古文經學則更加看重從經典文本本身出發去理解孔子。後人論及漢代今古文問題常常誇大兩者間的爭論，其實無論就時間的先後和探討問題的不同方法及角度兩方面而言，實在都算不得什麼爭論。如前所述，前者本質上是歷史哲學，後者則向歷史文獻學過渡。

與今文經學衰落有所不同的是，古文經學的衰落恰恰是隨著它的成熟和日益專門化而產生的。古文經校勘、注疏的深入把人們的興趣從解明文意引向了校勘和注疏的技術問題，古文經學似乎不再是經學了，它變成了工具性的專門學問。發展到這步田地，它自然無法再擔負承續道統的任務，於是宋代講究性理的理學誕生了。理學一反古文經學工具化的傾向，將先秦儒學已有的內聖成份發揚光大，向人生哲學和倫理學方向發展。宋明相承，不論是道問學的朱熹一派還是尊德性的王陽明一派都把探究義理作為第一要義，前者面向客觀世界，後者關注人的內心。理學認為，古文經學太過瑣碎，儒家思想的奧意被淹沒。對儒學的繼承與研究，不應為注疏而注疏，讓手段閹割目的。對儒家學說的研究要直指文意，闡發其社會人生的觀點。但理學與今文經學也有不同，今文經學講天象，似乎是獨立於人與社會之外的冥冥主宰，它關注社會人生，又超乎社會人生，帶有濃厚的宿命論和不可知論色彩。因此解釋上具有很強的隨意性，其末流必導於虛妄與迷信。理學講義理，是向社會與人的內心探求，是冷靜而理智的，義理並非超乎社會人生，它就存於社會人生之中，靠人們去實際體驗與把握。義理與社會人生的關係並不是作為高高在上的超自然力量規定著

社會的軌道，而主要是作為一種道德的力量，通過人的努力自覺地規範人的行為。如果說今文經學的天意作為人的一種對立物，可望而不可及，那麼，理學的聖人境界與道則非常世俗化，人人都可通過內外兩方面的修煉而成為聖賢。從這個意義上說，今文經學可視為決定論的歷史哲學或稱歷史觀，理學更像是人生哲學。

道統問題自韓愈《論道》一文之後，其地位更加神聖化。它不但成為派別爭論中的有力武器，而且推動學林風氣向道德化和形而上的方向發展。理學中原本有道德實踐含義，許多士人也曾以氣節、情操砥礪。不過，以聖賢為標的，未免懸義過高，非多數人能企及，社會風氣又視道德義理為士人正途。此風流及，空言心性義理與假道學之風於是產生，有人總結明朝滅亡教訓歸於理學之害，未免誇大其作用。但是理學末流空言心性義理，確實推動了學風在清初向其對立面轉化。

自明末始，學風在浙東學派的宣導下悄然發生變化。清朝建立後，經世致用之風盛行一時，士人痛定思痛，紛紛總結明亡教訓和歷代治亂興衰的得失，於是文史之學成為顯學。激進者以反清復明為旗幟，或與民間革命團體結合，或不仕清廷而退山結廬，以著述為志。隨著清朝統治的鞏固和對漢文化的吸收，士林循著實學的路數，把精力逐漸轉向文字訓詁和考據之學，演變為後代所謂乾嘉漢學。表面看來，清代漢學復興似乎繞了一個彎子，重新回到漢代以降校勘注疏經書的古文經學，其實不然。首先，清代漢學涵蓋的學問不只包括傳統的經學，而且吸收了經傳教士引入的「西技」，在天文曆算等方面都有建樹。許多學者既通經書，又長曆算。其次，對經書的研究，非只

限於版本校勘和注疏，且提出讀書先從文字音韻入手，於是小學蔚為大觀。前者使得學者跳出單純治經的圈子，擴大學問範圍，為自然科學的傳入和實證思想的形成創造了條件；後者使得經書逐漸褪去神秘色彩，成為客觀研究的對象。漢代古文經學校勘注疏，不離先賢或時賢解經的宗旨，不同學派僅守一家之言，經與經解仍是神聖不可懷疑的。清代漢學從文字入手考訂歷代字形字音的變化，實際把經書看成客觀歷史的產物，學者與經書之間形成一種「距離」。從方法論的角度分析，這種治經方法是非常「科學」的。無論經的成書過程、注疏還是經書的真偽都可以通過一些確定的方法來檢驗。雖然經學獨尊的地位在形式上尚未發生變化，但是經書成為客觀研究對象的同時，它的神聖性也就逐漸失去。

清朝中葉以後，隨著統治的衰落和民族危機的來臨，各種經世致用之學再度興起。稍後今文經學、墨學等學問雜杳出現，經學再難維持大一統的格局。這已經到了康有為登上歷史舞臺的時代。

道統的形成、演變與式微，伴隨著孔子形象的變遷。西漢今文經學視孔子為全能的上帝和創設文化的救世主。東漢以降的孔子則搖身一變為中國上古文化的集大成者。宋明時代，孔子被推崇為道統的先人和偉大的哲學家。清代的孔子日益失去神秘的色彩，僅作為古代典籍的整理者而受到人們的尊敬。

到了康有為的筆下，孔子重新被推上了神聖的殿堂。《孔子改制考》一書，神化孔子與重塑道統成為顯著的兩大特點。是書從論證「上古茫昧無籍考」起首，利用清代考據學的成就，論證孔子之前中

國歷史文化沒有明確的文字記載，「人生六七齡以前，事蹟茫昧，不可得記也。開國之始，方略闕如，不可得詳也。況太古開闢，為萌為芽，漫漫長夜，舟車不通，書契難削，疇能稽哉？大地人道皆於洪水後。然印度婆羅門前，歐西希臘前，亦已茫然，豈特秘魯之舊劫，墨洲之古事，黯芴渺昧，不可識耶？吾中國號稱古名國，文明最先矣。然六經以前，無複書記，夏、殷無徵，周籍已去，共和以前，不可年識，秦、漢以後，乃得詳記」。而所謂「三代文教之盛，實由孔子推託之故」。[19]由此明確了孔子創立中國文化的歷史地位。

接下來卷二《週末諸子並起創教考》，根據進化思想和世界歷史知識指出：「故大地諸教之出，尤盛于春秋戰國時哉！」「當是時，印度則有佛婆羅門及九十六外道並創術學，波斯則有祚樂阿士對創開新教，泰西則希臘文教極盛。」春秋戰國時期，為世界各主要文明形成的第一次高潮，在百家爭鳴的繁榮之後，各文明又相繼出現文化大師總其成，將文明成果體系化。「積諸子之盛，其尤神聖者，眾人歸之，集大一統，遂范萬世。」希臘文明「號稱同時七賢並出，而索格底集其成」。中華民族「咸歸依孔子，大道遂合，故自漢以後無諸子」。[20]

卷三《諸子創教改制考》，已開始接觸本書的核心問題。為了使這一敏感問題的論述更具說服力，康不惜筆墨，有意迂，先放開孔子，從諸子學說的分析入手。「孔子改制之說，自今學廢沒，古學盛行後，迷惑人心，人多疑之。吾今不與言孔子，請考諸子，諸子何一

---

19   《孔子改制考》，中華書局，1958年版，第1頁。
20   《孔子改制考》，中華書局，1958年版，第4頁。

不改制哉？」指出先秦諸子著書立說，自成學派，無不對先人制度有所改動，由此才會對中華文明有所創造。以儒服為例：「江充之見武帝，紗縠衣，襌麗步搖，飛翮之英雋。不疑之見暴勝之，冠進賢冠，褒衣博帶。宋世司馬公、朱子尚自製深衣。明張鳳翼尚以菊花繡衣謁巡撫。則儒服之創何異哉？」諸子改制如此，孔子更遑論及。「諸子之改制明，況大聖製作之孔子，坐睹亂世，忍不損益，撥而反之正乎？」[21]

卷四《諸子改制托古考》，談到康有為文化思想中的一個重要論題，即「托古」。他指出，中華民族特有的深沉的歷史認同感使得「榮古而虐今，賤近而貴遠」成為人們的一種普遍情感。以至於「耳目所聞睹，則遺忽之；耳目所不睹聞，則敬異之」。以史為例：「慧能之直指本心也，發之於己，則撚道人、徐遵明耳；托之于達摩之五傳迦葉之衣缽，而人敬異矣，敬異則傳矣。袁了凡之創功過格也，發之於己，則石奮、鄧訓、柳玭耳；托之于老子、文昌，而人敬異矣，敬異則傳矣。漢高之神叢狐鳴，摩訶末西奈之天使，莫不然。」莊子早已點破：「其言雖教，謫之實也。古之有也，非吾有也。」所以前人托古，其因有自。「蓋當時諸子紛紛創教，競標宗旨，非托之古，無以說人。」[22]康有為這裡力圖證明的是，「托古」在前人那裡無非工具性的東西，它本身不是目的。托古的目的是為了「創造」，即創立新的思想文化。這種說法當然也就點破了康本人托古改制的要害所在。時人仍有視康為守舊、復古之人者，讀此一篇，不知複作何想。

21　《孔子改制考》，中華書局，1958年版，第34頁。
22　《孔子改制考》，中華書局，1958年版，第48頁。

卷五《諸子爭教互攻考》，通過引述史實，說明不同學派的論爭是思想學術繁榮的正常現象。「爭政者以兵，爭教者以舌，樹頦立說，徒黨角立，衍而彌溢。佛與婆羅門九十六外道，立壇騰辯。然則諸子互攻，固宜然哉！」[23]康有為的這一思想，將先秦百家爭鳴的社會風氣，解釋為近代的思想寬容精神。對於大一統的王朝意識形態而言，實在是一次極大的衝擊。

卷六《墨老弟子後學考》，通過對先秦與儒並稱顯學的墨家與老子學派後學的考辨，說明任何一種思想學說「其教力之所噓吸，皆有聰敏堅強之士為之先後、疏附、奔走、禦侮焉」。字裡行間流露出康雖尊儒術，卻並不排斥墨、老，反而極力推崇墨、老後學為事業義無反顧的精神。「墨子以死為教，確乎其為任俠之傳哉！耶穌及摩訶末徒眾僅十二，猶能大成，況此百八十乎？」[24]只要有了這種精神，事業成功就有了希望。康有為借彰墨老後學以號召弟子及支持者勇敢投身改革事業的用意昭然若揭。

卷七《儒教為孔子所創考》，漸入全書佳境。康首先駁斥了關於儒出於司徒之官等流行說法，認為都是劉歆的邪說。「偽《周官》謂以道得民，《漢書‧藝文志》謂儒出於司徒之官，皆劉歆亂教、倒戈之邪說也。漢自王仲任前，並舉儒墨，皆知孔子為儒教之主，皆知儒為孔子所創。偽古說出，而後塞掩蔽，不知儒義。」然後列舉典籍，力圖「發明儒為孔子教號，以著孔子為萬世教主」。[25]這在今天看起來

23　同上，第102頁。
24　《孔子改制考》，中華書局，1958年版，第115—116頁。
25　《孔子改制考》，中華書局，1958年版，第164—165頁。

武斷的說法，體現了康有為當時的良苦用心：先將孔子抬到至高無上的神聖寶座，再把他打扮成改革的先知，借其勢以壯己；接下來，通過孔子弟子後學和反對者正反兩方面的論說，進一步證明儒學為孔子所創，最後分析孔子與儒服、儒書、儒說、儒生觀念形成的關係，確認儒學創立非孔子莫屬。

卷八《孔子為制法之王考》，劈頭點明孔子形象從改制立法之王到後世博學高行之人的變化，全為劉歆以古文經學亂今文經學的結果。「乃上古者，尚勇競力，亂萌慘黷。天閔振救，不救一世而救百世，乃生神明聖王，不為人主，而為制法主。天下從之，民萌歸之，自戰國至後漢八百年間，天下學者，無不以孔子為王者，靡有異論也。自劉歆以左氏破公羊，以古文偽傳記攻今學之口說，以周公易孔子，以述易作，於是孔子遂僅為後世博學高行之人，而非複為改制立法之教主聖王，只為師統而不為君統，詆素王為怪謬，或且以為僭竊，盡以其權歸之人主。」（值得注意的是，反對人民「權歸人主」的觀點，在當時恐怕是反對皇權的最大膽的宣言）其危害使得「天下議事者，引律而不引經，尊勢而不尊道，其道不尊，其威不重，而教主微。教主既微，生民不嚴不化，益頑益愚，皆去孔子素王之故。異哉！王義之誤惑不明數千載也」。幾千年來中國社會日益落後的原因在於違背了孔子的思想。那麼為什麼稱孔子為王呢？康首先論述了王的涵義：「夫王者之正名出於孔氏。何謂之王？一畫貫三才謂之王，天下歸往謂之王。天下不歸往，民皆散而去之，謂之匹夫。以勢力把持其民謂之霸。殘賊民者謂之民賊。夫王不王，專視民之聚散向背名之，非謂其黃屋左纛，威權無上也。後世有天下者稱帝，以王封其臣

子，則有親王、郡王等名。六朝則濫及善書，瀆及奴隸，皆為王。若將就世俗通達之論識言之，則王者人臣之一爵，更何足以重孔子，亦何足以為僭異哉？」以此標準衡量，中國可稱王者唯孔子一人。「然今中國圓顱方趾者四萬萬，其執民權者二十餘朝，問人歸往孔子乎？抑歸往嬴政、楊廣乎？既天下義理制度皆從孔子，天下執經釋菜俎豆莘莘皆不歸往嬴政、楊廣而歸往大成之殿、闕裡之堂，共尊孔子。孔子有歸往之實，即有王之實，有王之實而有王之名，乃其固然。」但是，孔子為王並不占位，而托之先王或魯君，於是有素王之稱。「然大聖不得已而行權，猶謙遜曰假其位號，托之先王，托之魯君，為寓王為素王雲爾。故夫孔子以元統天，天猶在孔子所統之內，於無量數天之中而有一地，于地上無量國中而為一王，其于孔子曾何足數！但考其當時，則事實同稱，征以後世，則文宣有號，察其實義，則天下歸往，審其通名，則人臣之爵，而上昧神聖行權偶托之文法，下忘天下歸往同上之徽稱，于素王則攻以僭悖之義，于民賊私其牙爪，則許以貫三才之名，何其舛哉！」孔子為改制之王的名分既定，康便毫無掩飾地推出了重申孔子為王的用意。「今偏考秦、漢之說，證明素王之義，庶幾改制教主，尊號威力，日光復熒，而教亦再明云爾。」[26]

卷九《孔子創儒教改制考》，可說是全書的核心。康開篇直言「凡大地教主，無不改制立法也，諸子已然矣。中國義理制度皆立于孔子，弟子受其道而傳其教，以行之天下，移易其舊俗」。[27]孔子為教主，而教主莫不改制立法，因此孔子為中國改制立法的教主。順著

26　《孔子改制考》，中華書局，1958年版，第194—196頁。
27　《孔子改制考》，中華書局，1958版，第214頁。

這樣一種三段論邏輯，孔子被說成是中國改革事業的偉大開創者和先師，孔子的形象也因此成為康有為推進改革計畫的最強有力的武器。隨後，康分「冠服、三年喪、親迎、井田、學校、選舉」等方面，列舉了孔子改制的事蹟。其中選舉非今日的民主選舉，乃為古代人才的一種選拔制度。如此說來，姑且不論以上諸方面是否為孔子改制創獲，僅就改制內容本身而言，從今人的角度看並沒有多大的價值。但是如果我們回到當時的歷史環境中，置身於從貴族社會向平民社會過渡的轉型期，上述主要以繁瑣禮儀為革新對象的改制就具有了非常鮮明的時代政治意義。因為貴族社會的禮儀制度是社會政治身份的象徵，而這又構成了統治的基礎。對其改革（其實是破壞）和康有為時代廢專制、興民主的主張，其社會意義應當是同等重要的。

卷十《六經皆孔子改制所作考》，孔子改制立法應有所闡述，僅《論語》不足以表現其「配天地、育萬物」的「大道」。「孔子為教主，為神明聖王，配天地，育萬物，無人、無事、無義不範圍于孔子大道中，乃所以為生民未有之大成至聖也！而求孔子之大道乃無一字，僅有弟子所記之語錄曰《論語》，據赴告策書抄謄之斷爛朝報曰《春秋》耳。若《詩》、《書》、《禮》、《樂》、《易》皆伏羲、夏、商、文王、周公之舊典，於孔子無與，則孔子僅為後世之賢士大夫，比之康成、朱子尚未及也，豈足為生民未有範圍萬世之至聖哉？」而將六經算到孔子名下，則可以使他無愧於「神明聖王」的稱號。因為六經既有知識與思想的廣博，又在中國經典文獻中佔有核心的地位。為了說明六經為孔子所作，康分析了漢代前後的不同記載：「漢以前咸知孔子為改制教主，知孔子為神明聖王。莊生曰：『春秋經世先王之

志。」荀子曰：『孔子明智且不蔽，故其術足以為先王也。』故宰我以為賢於堯、舜，子貢以為生民未有也。孔子之為教主，為神明聖王，何在？曰：在六經。六經皆孔子所作也，漢以前之說莫不然也。」自漢代劉歆以後，孔子地位便從先聖轉為先師。這是因為劉歆「欲奪孔子文聖而改其聖法，故以周公易孔子也」。歷代士人多受劉歆欺騙，「章實齋謂集大成者周公也，非孔子也，其說可謂背謬極矣。然如舊說《詩》、《書》、《禮》、《樂》、《易》皆周公作，孔子僅在明者述之之列，則是說豈非實錄哉？漢以來皆祀孔子為先聖也，唐貞觀乃以周公為先聖，而黜孔子為先師。孔子以聖被黜，可謂極背謬矣。然如舊說，《詩》、《書》、《禮》、《樂》、《易》皆周公作，孔子僅在刪贊之列，孔子之僅為先師而不為先聖，比於伏生、申公，豈不宜哉？然以《詩》、《書》、《禮》、《樂》、《易》為先王周公舊典，《春秋》為赴告策書，乃劉歆創偽古文後之論也」。康有為上承劉逢祿的作法，巧妙地把六經形成這一複雜的歷史問題化解為劉歆個人的造偽問題，從而達到了抬高孔子的目的，可算得是一種機智。為了進一步鞏固孔子創制六經的地位，康有為從孔子為「神明聖王」的確定前提出發，指出經、傳、記、說均有不同含義，只有孔子手作方稱之經，並論述了經傳的演變歷程。「孔子所作謂之經，弟子所述謂之傳，又謂之記，弟子後學輾轉所口傳謂之說，凡漢前傳經者無異論。故惟《詩》、《書》、《禮》、《樂》、《易》、《春秋》六藝為孔子所手作，故得謂之經。如釋家佛所說為經，禪師所說為論也。弟子所作，無敢僭稱者。後世亂以偽古，增以傳記。《樂》本無文，於是南朝增《周禮》、《禮記》謂之七經，唐又不稱《春秋》，增三傳謂之九經，宋明道時增《孟子》，甚至增偽訓詁之《爾雅》，亦冒經名為十三經，又

增《大戴記》為十四經，僭偽紛乘，經名謬甚。朱子又分《禮記》、《大學》首章為經，余章為傳，則又以一記文分經傳，蓋更異矣。皆由不知孔子所作乃得為經之義。今正定舊名，惟《詩》、《書》、《禮》、《樂》、《易》、《春秋》為六經，而於經中雖《繫辭》之粹懿，喪服之敦懇，亦皆複其為傳，如《論語》、《孟子》、大、小《戴記》之精粹，亦不得不複其為傳，以為經佐，而《爾雅》偽《左》咸黜落矣，今正明於此。六經文辭雖孔子新作，而書名實沿舊俗之名，蓋無徵不信，不信民弗從，欲國人所共尊而易信從也。」[28]

卷十一《孔子改制托古考》，道出孔子托古改制的關鍵，「一曰素王之誅賞，一曰與先王以托權」。所謂「素王誅賞」，意指孔子獎懲的手段。康引用《孝經緯》中孔子的話說「吾作孝經，以素王無爵祿之賞，斧鉞之誅，故稱明王之道」。就是說孔子身為素王，並沒有賞以爵祿和懲以斧鉞的實際權力和物質能力，因此，孔子是通過另一種手段，即製作《孝經》等經典，以道德的力量規範人們的言行，淨化社會風氣，用禮教等外在約束和個人自我約束的方法達到獎懲的目的。這裡，道德教化的作用被抬高到了治國安邦的地位，可見康有為戊戌時期的改革思想，已含有孔教成份。只不過這一時期的著重點在政治制度，孔教思想沒有來得及作充分的發揮。所謂「與先王以托權」，意指借用先王的力量推進改革進程。為什麼要如此，康有為分兩個方面回答。一方面康引用孟子的話：「大人者，言不必信，惟義所在。」他解釋說：「斯言也，何為而發哉？大人莫若孔子，其為孔子改制《六經》言耶？慈母之養子也，托之鬼神古昔以聳善戒惡。聖

28　《孔子改制考》，中華書局，1958年版，第243—244頁。

人愛民如子，其智豈不若慈母乎？」因為「聖人但求有濟於天下，則言不必信」。此處之「信」，含義約同「無徵不信」之「信」，指讓他人相信。聖人治理天下，所興舉措，時人未必一時理解，也不求當下被人理解，但求有利於世則已。顯然這一思想康是有感而發。另一方面「無徵不信，不信民不從」，所以「一切制度托之三代先王以行之」。考慮到中國尊古賤今的傳統，只有把「不必信」的改革方案托之先王，才能最大限度地動員社會力量，同時亦可避禍。「布衣改制，事大駭人，故不如典之先王，即不驚人，自可避禍。」[29]以上康氏論述托古之義可謂透徹，不過後來的實踐證明，事關清廷社稷，縱然典之先王，也未能免禍。

卷十二《孔子改制法堯舜文王考》，辨析孔子尊堯舜文王的寄託，「蓋撥亂之治為文王，太平之治為堯舜」。康有為認為，這是「孔子之聖意，改制之大義，《公羊》所傳微言之第一義也」。所謂寄託，具有兩方面的含義，一方面，康有為借此提出了關於社會歷史發展的學說，即通過君主政治之升平世進化到民主政治之太平世。「春秋據亂，未足為堯舜之道」，「孔子撥亂升平，托文王以行君主之仁政」，「托堯舜以行民主之太平」，「堯舜為民主，為太平世，為人道之至，儒者舉以為極者也」。康有為主張，進化的方法應當是有秩序的、平和的、漸進的，「惡爭奪而重仁讓，昭有德、發文明……特施行有序，始於粗糲而後致精華」。值得注意的是，康有為開始把改制、公羊三世說和大同思想結合在一起，「孔子改制，專托堯、舜、文、武，《公羊》既發大義，子思傳之，與公羊合，可謂獨提宗旨，發揭

29　《孔子改制考》，中華書局，1958年版，第267頁。

微言」。另一方面，康有為深知古代典籍中堯舜文王的記載並不相同，甚至互相矛盾，而自己借古人以抒志又常常借題發揮，想像杜撰。因此，以「寄託」二字開脫，在對古人思想學術的解釋之中融入了自己的新思。「孔子厚葬久喪，墨子薄葬短喪，相非相反，而皆自謂堯、舜、禹、湯、文、武之道。此與韓非《顯學篇》謂孔子、墨翟俱道堯、舜，而取捨不同，皆自謂真堯、舜。堯、舜不可復生，誰使定堯、舜之真全合。比兩書觀之，藉仇家之口以明事實，可知六經中之堯、舜、文王，皆孔子民主君主之所寄託，所謂盡君道，盡臣道，事君治民，止孝止慈，以為軌則，不必其為堯、舜、文王之事實也。若堯、舜、文王之為中國古聖之至，為中國人人所尊慕，孔、墨皆托以動眾，不待言矣。」[30]既「不必為事實」，更宜於自由闡發自己的思想。所謂《改制考》之「考」字，實為障眼之法。反對者以考據學的結論來攻擊康著失實至少是不解康氏的用心並不在歷史考據，「托以動眾」方是真意所在。時至今日，學界內評價《改制考》仍多有從歷史考據出發論其不足者，實在也是一種歷史的遺憾。

卷十三《孔子改制弟子時人據舊制問難考》，以下至卷二十一《漢武帝後儒教一統考》，考察了儒教艱難的發展歷程。初創時備受攻擊，「當戰國時，孔道未一，諸子並起，不揣德量力，咸欲篡統。基墨、老二家，駸駸乎項羽、王郎、陳友諒，故相攻尤力哉！」[31]但儒家不怕攻擊，不怕吃苦，才使得儒教逐步光大。「夷考其時，服儒衣冠傳教者充塞天下，彌滿天下，得遊行教導於天下，不知祿爵，不

30　《孔子改制考》，中華書局，1958年版，第283—285頁。
31　《孔子改制考》，中華書局，1958年版，第311頁。

擇人主，惟以行教為事，所至強聒其君相，誘導其士民，立博士，開黌舍，雖經焚坑不悔，此儒教所由光被哉！後生受其成，不知前哲傳教之苦，僅以閉戶潔身為事，其嘲孔子為佞也固宜；其不肖者困於祿位，知有國而不知有教，欲不微也得乎！」[32]至漢武帝時，儒教終於統一了中國，成為兩千年來占統治地位的意識形態，康有為試圖證明，新生事物的成長不會是一帆風順的，改革者要做好吃苦的準備，只有經過艱苦的努力，才能使自己的主張逐步被人理解。

通過《孔子改制考》，康把孔子改造成為先秦時代的偉大改革家。他雖出身布衣，但懷素王之志，把堯、舜同文王視為改革先驅者，利用他們來強化自己的改革主張，同時又把傳統中的堯舜之治加以美化，作為社會發展的目標。經過這番改造的孔子，與兩千多年後的康有為實質上已經合一了。這正是他的目的所在。一方面自認上承孔子道統，為當今素王，預期中國社會會在自己手中發生又一次深刻的變革；另一方面使用孔子及儒家已經形成的至尊地位，以減少改革的障礙，爭取更多的支持者。因此，康有為改造孔子的真實目的在於改造現實。

2.4　「貌孔心夷」

通過分析康有為的「兩考」，我們又可以回到本章起首的提問上，康有為算不算個今文學家？如果算今文學家的話，他算什麼樣的今文學家？

32　《孔子改制考》，中華書局，1958年版，第430頁。

今文學又稱今文經學，興起於西漢，到董仲舒那裡，今文學形成為以春秋公羊學為代表的政治歷史哲學，核心內容是三科，即張三世、通三統、異內外。所謂張三世指有見世、有聞世、有傳聞世。對這三種歷史年代，由於歷史資料掌握的繁簡和切身利益的遠近，人們在評價上也有所不同。對前代可直抒己見，對當代則需掩飾其言。所謂通三統，指新王朝的建立應總結前兩朝的歷史經驗。孔子作《春秋》，便是立足魯國，借鑑商、周。所謂異內外，是指中華民族從近到遠的自我中心世界觀念。從漢代三科原始意義來看，顯然通三統具有最切實豐富的內容。東漢古文經學嶄露頭角，它與今文學派的區別源自經書版本的不同來源。在劉歆的努力下，今古文經出現了合流的趨勢。

到了清朝今文經學在常州學派旗幟下重新興起時，其內容有了很大變化。首先，公羊學仍是今文經學的主導，但今文經學的詮釋物件已漸次擴大到四書五經。其次，異內外不同於漢代種族血統上的優劣等級觀念，而是從文化上著眼，將滿族包容於漢文化圈內，並無排滿傾向。最後，通三統依然受到重視，成為以質救文，革除現實政治弊端的一種手段。

龔自珍與魏源是今文經學在近代轉變過程中兩個承先啟後的重要人物。他們對今文經學的重要發展，一是龔自珍對三世提出一種新的解釋，即治、亂、衰三世相乘。這一解釋與傳統今文學家關於三世愈後愈治的解釋恰好相反。龔自珍身處衰世，特別強調人才的重要。由於龔的努力，三世說在今文經學中的地位明顯上升，超過了三統及內外觀念。二是魏源在以公羊思想詮釋經典的同時，挑起了批判古文經

學的論爭。

接下來分析康有為的今文經學思想，不能不先提到同時代的廖平。在魏源那裡，今古文之別只是版本來源與詮釋角度的不同，判分今古沒有一種統一的原則。廖平初次提出用制度判分今古，即今古文之別應體現在王制與周禮的區別。這就把清代今古文之爭從漢代經學史研究追溯到了先秦。他認為義理為人性恆常，千百年一貫，制度則因時變革，有高下之分，因此今古文之分體現於制度。所謂周禮，實為周代的制度。到了孔子時代，周代漸衰，制度過於文飾，其弊端暴露無遺。孔子以素王改制，寓於春秋，此所謂王制。為了解釋《論語》中「鬱鬱乎文哉，吾從周」的說法，廖平又提出孔子的主張早年與晚年各不相同的論點。「孔子初年問禮，有『從周』之言，是尊王命、畏大人之意也。至於晚年，哀道不行，不得假手自行其意，以挽弊補偏；於是以心所欲為者，書之《王制》，寓之《春秋》，當時名流莫不同此議論，所謂因革繼周之事也。後來傳經弟子因為孔子手訂之文，專學此派，同祖《王制》。其實孔子一人之言，前後不同。予謂從周為孔子少壯之學，因革為孔子晚年之意者，此也。」[33]以制度判分今古和區別孔子少壯與晚年主張是廖平的兩大貢獻。前者將今古文之爭轉移到制度方面，客觀上為晚清今文經學派政治改革做了輿論準備；後者對孔子尊周而又變周的不同說法給出了一種合理的解釋，使自己的觀點成為自足的體系。

康有為在公羊思想的基本原則即三統、三世和內外三個方面都進

33　《廖平學術論著選集》（一），巴蜀書社，1989年版，第69頁。

行了大膽的探索和修改，從而跳出了今文學家法的狹窄天地。通三統長期以來是今文學最重要的原則，清中葉以後地位雖逐漸下降，注意總結前代統治經驗「通鑑」以「資治」的含義沒有變化。廖平提出以制度判分今古，實質上認為古文經多瑣碎考證，於資治無補，今文經長微言大義，其制度思想新鮮活潑。他認識到了制度的重要，但仍是從今文經典和歷史經驗中汲取養分，其制度思想不脫經學內部調整的窠臼。康有為則明確地把三統學說貼上「改制」的標籤，使政治改革成為通三統的第一要義。關於改制內容，康在兩考中並沒有明確陳述，只是不厭其煩地列舉孔子改制的內容，如井田、服飾、葬儀等等。同時極力抬高和重塑孔子形象，把他說成為「萬世制法」的聖王教主。孔子的偉大並不在於為後人詳細規定改制內容，而首先是提出一種改制的思想。今日變革還待後聖因時改制。在同時期的《春秋董氏學》中，康比較顯露地表明暸他即是今日之聖的心跡：「自武章，終後漢，四百年治術言議，皆出於董子，蓋董子為教主也。」「由元明以來，五百年治術言語，皆出於朱子，蓋朱子為教主也。」「朱子生絕學之後，道出於向壁，尊四書而輕六經，孔子末法無由一統」，「則是孔子大教已滅絕，豈複能光於今日哉？」[34]經過曲折而並不難尋覓的蹤跡，康終於把我們引到了這樣一種結論面前，康本人上承孔子改制思想，是今日改制的素王和教主。孔子在中國歷史上第一次總結和形成了改制的思想，並根據先秦歷史現實相應制定了一系列改制措施。後世改制，應理解孔子微言大義所指，並加以發揮，那麼到底改制的內容是什麼，兩考中沒有明言，似乎這也不是兩考的主要使

34　《春秋董氏學》，中華書局，1990年版，第208—209頁。

命。兩考的內容不在於規劃改制內容，而在於論述改制的必要性和合法性（即符合道統）。在晚清的中國欲想實施政治改革，不用說後者是更為重要的。康有為改制的具體內容，學界已做過詳盡充分的論述。只要我們把眼光投向同一時期康的上書和其他著作，就一目了然了。以下引述康有為的一段論述：「擇法俄日以定國是，願皇上以俄國大彼得之心為心法，以日本明治之政為政法而已。……聞日本地勢近我，政俗同我，成效最速，條理尤詳，取而用之，尤易措手。」[35]原來康改制的目標是效法俄日，特別是日本明治維新，在中國推行資產階級議會政治改革。這類言論在康「兩考」寫作前後的上書等文字中比比皆是，足證康氏改制的本意。從謹奉先聖起步，到效法歐西議會制度，三統之說在康手裡演變得確乎有點「家法難容」了。還有一點值得指出，康有為此時尚未面謁光緒皇帝，也尚未有後來的「知遇之恩」，所以他雖不主張用暴力推翻清廷，也並不主張一定保留清統治不變。試舉以下文字為例：「孔子最尊堯舜，所謂盡善盡美。後世雖有作者，虞帝其不可及，為其揖讓而官天下也。」[36]類似說法在同時期的著作中不止一處。在當時的歷史條件下，此番含有清退政於漢的言論夠大膽，也夠明確的了。學術界有認為康始終為滿清派者，此處別備一說，以供參考。

三世說在龔自珍以後地位上升，但基本模式仍為歷史演變的治亂相乘，其觀念不脫循環論或倒退論。三世說在晚清受到重視的原因在於社會的衰敗。有識之士看到了這種無可挽救的衰敗，通過對比也初

35　《上清帝第五書》，《康有為政論集》上冊，中華書局，1981年版，第208頁。
36　《春秋董氏學》，中華書局，1990年版，第121頁。

步領略了西方的強盛，然而如何走出這種衰敗，是否能走出這種衰敗，前路茫茫。傳統今文學社會歷史學說只能提供給人們上述兩種思考模式。循環論帶有一定的宿命論色彩，社會歷史治亂相乘，否極泰來，衰世之後定為治世。相較而言，龔的倒退說雖具悲觀意味，但悲觀對象指向官場的黑暗，並不全然消極。他寄希望于人才的脫穎而出，呼喚一代「人才」起而改變現實，這一點又頗顯積極。因此龔的倒退論可稱之為一種積極的悲觀。直到康之前，晚清今文學三世說便在這種焦急的期待中，等待社會的更新。至於前路在何方，顯然已超出了傳統今文學的智慧。康有為仍襲用三世說的形式，他的創見在於，把三世說與《禮運》篇中的大同小康說結合，為傳統三世說向西方近代進化思想的演變開通了道路。這一階段康的三世說尚處草創階段，甚多矛盾之處，這不只是因為對西方認識的粗淺，更因為此刻他關注現實的政治改革，忙於著述和輿論準備，沒有時間和精力潛心從事宏大沉靜的理論思維。經過康重新解釋的三世說有如下幾個方面的要點。其一，中國歷史和整個人類歷史都成為自然進化的一部分，進化的基本軌跡為從野蠻到文明，即從戰爭到和平、從貧窮到富足、從專制到民主。其二，目前中國處在升平世，「古者尊卑過分，故殊其把典，以為禮秩，豈所論於今升平之世哉？」[37]康有為煞費苦心為中國作出這番定位，當然是考慮到了如定位於「據亂世」，則不會被政府和輿論所容。不過在他展望大同高妙境界的時候，不知不覺進入了一種矛盾的狀態，他無法接受也無法使士林接受西方已實現大同，所以西方也仍是升平世，那麼何以同為升平世的中國要向西方學習呢？

37　《康有為政論集》上冊，中華書局，1981年版，第281頁。

他還沒有能力解決這一矛盾，在涉及中西政治的比較時，有意無意地把中國拉回到了「據亂世」，「美開民主之新義……自巴力門倡民權而君民共治，撥亂世而升平……」[38]中國自然不是民主制，也自然不具備進入升平世的資格。其三，中國傳統大同理想與三世說「遠近大小若一」的太平大一統思想結合，懸為整個人類未來的美好前景。在太平世中，君主制度將被廢除，「太平世貶天子」[39]。民主制度通行人類，「堯舜為民主，為太平世，為人道之至，儒者舉以為極者也」。[40]太平世世界將合為一體，社會富足，在祥和的氣氛中人們過著沒有煩惱的生活。「《春秋》言太平，遠近大小如一。地環一統之後，乃有此。時煩惱憂悲已無，不食土性鹽類質，養生日精，此言必驗。」[41]其四，社會進化不能取暴力或激進的方式，而應循序漸進。「《春秋》義分三世，與賢不與子，是太平世；若據亂世，則與正而不與賢。宣公在據亂世時，而行太平世之義，不中乎法，故孔子不取。所謂王法，即素王據亂世之法。」[42]晚清中國，社會黑暗腐敗的現實使得有識之士失望，西方社會的民主和富強便具有極大的吸引力。不過中西歷史、文化、政經、民俗大不相同，人們無法背棄生於斯長於斯的歷史文化而投向西學營壘。中西文化的壁壘使人們背著因襲的包袱痛苦地摸索。康的三世說把大同理想引入今文學，不但把傳統三世說引向未來，而且將進化學說和民主思想有機地融入三世說，為中西歷史文化的溝通架起了一座橋樑，康有為重新解釋的三世說因

38　《日本書目志》，臺北：宏業書局版，第134頁。
39　《孔子改制考》，中華書局，1958年版，第212頁。
40　《孔子改制考》，中華書局，1958年版，第283頁。
41　《孔子改制考》，中華書局，1958年版，第184頁。
42　《春秋董氏學》，中華書局，1991年版，第21頁。

此走出了循環論和倒退論的舊格局，變為充滿近代意味的進化的社會歷史觀念。三世傳統觀念又獲得了生機。

內外觀在古代中國是漢民族種族中心的自我意識，即所謂民族的凝聚意識，它從屬於民族歷史文化觀念。漢代以來，漢民族周邊少數民族特別是北方遊牧民族的騷擾和入侵，一直是關乎中原穩定和生存的大患。夷夏大防只就軍事防衛和統治政策立論，文化上周邊民族並沒有構成對漢族的威脅。「撫夷」和「剿夷」為國防的兩種基本政策。漢族對周邊少數民族夷、蠻、羌、狄的蔑稱，便是漢民族種族中心意識的體現。清朝，北方少數民族滿族入主中原，中國人眼中的夷狄成為中華民族政統道統的繼承者。舊的內外觀已無法解釋這一現實。中華民族向有重視歷史文化的傳統，滿清認同於中原文化的過程似乎給內外觀的轉換提供了某種契機，異內外之異可以不再是種族之異，而是文化之異，是否認同中華文化成為區分內外的標準。這種內外觀的實質仍舊是自我中心主義。漢族種族中心和中華民族文化中心，是中華民族內外觀的兩個側面。處於中心的中華文化是先進文化，周邊其他民族文化依地域呈輻射狀態，愈遠愈落後。中華民族同其他異文化民族交往的過程就是中華民族文化輻射，即用中華文化同化其他民族文化的過程。到了康有為時代，此種內外觀雖已發生動搖，但其統治地位並沒有根本的改變。從康有為開始，中華民族自我中心的內外觀才發生了根本的改變。康認為世界不同民族，長期以來形成了不同的歷史文化，歐美以基督教立國，由於政府與民間重教，使得民族文化得以不斷發展壯大。「歐、美之民，祈禱必於天神，廟祀只于教主，七日齋潔，膜拜誦其教經，稱於神名，起立恭默，雅琴

合歌，一唱三歎，警其天良，起其齋肅，此真得神教之意，而又不失尊敬之心。」[43]反之中國沒有政府的大力提倡和民間的支持，「坐聽妖巫神怪不經之事，大供奉于民間，積久尊崇」[44]，導致了晚清文化的衰微。康的這番議論，出發點自然是主張創立孔教，通過振興文化達到振興中華的目的。但我們從另一角度分析他的孔教觀念，就發現他把基督教文化看作獨立于中華文化之外的另一種文化。康在論述中並沒有堅持以孔教同化基督教文化，而只是強調通過立孔教以光大中華文化。康雖沒有從內外觀的角度看待這一問題，但事實上這番議論恰好反映了他的內外觀。今文學異內外所指文化之異已不再具有高下的含意，而只歸結為文化種類的不同。

上述分析說明，作為今文學家的康有為，通過對公羊學三科的重新闡述，完成了從傳統到近代的革命性轉換。三統說成為政治、經濟制度改革的學說，它的發展方向是近代民主制度和社會化大生產。三世說成為溝通過去、現在和未來的橋樑，它的核心是社會進化論和人類歷史發展的大同理想。內外觀則完成了從中華民族文化中心主義到各民族文化平等的過渡。也可以說三統說反映了他的政治、經濟觀念，三世說側重於歷史觀念，內外觀主要是文化觀念。三者相加，康有為在傳統今文學的舊形式中，注入了他對整個社會的新解釋。以認識的深淺而論，康有為這一時期的思想並沒有超出上一時期（見上一章）的水準，但是由於他發現並利用了今文學這樣一種形式，就使得他的思想體系在傳統和現實之間找到了契合點。因此，他的著作才會

43　《康有為政論集》上冊，中華書局，1981年版，第280頁。
44　同上。

在社會上產生「火山、颶風」的作用，康有為對今文學說的改造體現著近代先進分子自強不息的革新精神和對傳統文化與西方近代思想的融會貫通。他立意在政治變革思想更新，所以他不墨守今文家法，甚至不顧史實的考證與論述前後的一貫。這一時期的代表性著作《新學偽經考》與《孔子改制考》，名曰兩考，用意並非考證，可惜的是此番用心直到今天仍被許多人所誤解。倒是當時的守舊派《翼教叢編》作者葉德輝看得真切：「康有為隱以改復原教之路得自命，欲刪定六經而先作偽經考，欲攪亂朝政而又作改制考，其貌則孔也，其心則夷也。」[45]

45　《翼教叢編》卷六，光緒二十四年八月武昌重刻本。

第三章

一個先知的悲劇

1898年，康有為戊戌變法失敗，逃往日本，從此開始了他學術生涯的第三段旅程。他先後遊歷了日本、印度、法國、美國等一些國家，更加深切地瞭解了西方社會。他發現，西方社會並不像過去想像的那樣美好，那裡也有罪惡與黑暗；他還發現，西方社會也不是渾然一體的，就歐洲而言，至少有法國、英國的不同制度。由此他對西方世界內部的看法，也就有所褒貶，開始區別對待。在流亡的日子裡，他時間相對充裕，脫離了緊張的政治活動，得以靜下心來，繼續從事思想理論體系的建構工作。如果說，康有為的思想理論體系建構工作前此著重點在啟蒙思想和現實政治改革，那麼這一階段則主要在大同理想和孔教觀。也就是說，前此的工作指向過去和當前，而現在的工作主要指向未來。

3.1　避難東瀛與遊歷歐美

1898年10月，康有為逃脫清政府緝捕，輾轉經香港到達神戶，開始了他的流亡之旅。初時，日本大隈重信政府對康有為優遇有加，不但出資供其生活，而且政界要人如總理大臣大隈重信、文部省大臣犬養毅多次會見。但是事隔不久，由於日本政局的變動，山縣有朋內閣上臺，對康的態度轉趨冷淡，於是他取道加拿大，踏上遊歷歐美的旅程。

這段時間，他的腦海還沒有擺脫戊戌時期的春風得意和血雨腥風，還不能從一種較為超脫的角度看待戊戌維新及其失敗。他在加拿大成立保皇會，號召人民保救光緒皇帝重新上臺執政，痛斥西太后鎮

壓戊戌變法、殘殺「六君子」的罪行。在當時革命派主張還沒有得到廣泛回應的形勢下，康有為及其追隨者的這種宣傳，很快在海外華僑中得到回應。人們從戊戌維新中看到了中國新生的希望，當然願意這種希望變為現實。保皇會在北美和遠東許多地方立了分會，利用《新民叢報》、《知新報》等報刊繼續宣傳戊戌時期的變法主張及保皇主張。康有為為美洲華僑寫下《保皇會歌五章》，唱道：「我皇上之仁聖兮，捨身變法以救民。維百日之新政兮，冠千古而聳萬國人。痛奸賊之篡廢聖主兮，盡撤新政而守舊。日賣地而賣民兮，嗟吾四萬萬人其將為奴絕種而罔後。哀瀛台之幽囚兮，渺海波之浩隔。痛衣帶詔之求救兮，伊中外而求索。望黃種忠愛之壯士兮，思捨身救民之恩澤。共灑血以救聖主兮，乃可以新吾國。皇上之不變法兮，可以不廢。皇上之救民兮，遂喪寶位。皇上之捨身為我民兮，胡不隕涕。皇上之不復位兮，中國必亡。皇上之復位兮，大地莫強。同志灑血憤起兮，誓光復我夫皇。」[1]這段歌詞反映了康有為反對西太后，擁戴光緒的心情。保皇會在反對西太后等人陰謀立儲以廢除光緒的鬥爭中起到了一定作用。

1900年8月，康有為聽到母親病重的消息，途經日本、香港等地來到新加坡，由於日本政府與清政府的勾結，他路過日本時，先是被拒絕上岸，後又受到百般刁難。在香港，則時刻處於被捕和被刺的危險之中，險象環生。到新加坡後，英國駐新加坡代理總督將總督府的一座房給他居住。在美麗如畫的環境裡，他寫作了《中庸注》、《春

1　《保救大清皇帝公司序例》，《康有為與保皇會》，上海人民出版社，1982年版，第262頁。

秋筆削大義微言考》等書。這兩部書標誌著他開始擺脫戊戌變法具體得失的計較，轉而重新思考中國文化的改造等基本問題。也就在這個時候，醞釀多年的大同世界的藍圖在腦海裡漸漸清晰起來，他需要一個安靜、純潔、能引發人無限遐想的世外桃源以完成《大同書》的創作。他搬到了印度的大吉嶺。

在大吉嶺一年半時間裡，除了《大同書》外，他還寫作了《論語注》、《孟子微》、《官制議》等書。這批著作和上面講到的《中庸注》、《春秋筆削大義微言考》，把康有為宏大的理論思維一頭引向傳統、一頭引向未來。《春秋筆削大義微言考·序》大體可以反映這一思想特點：「康有為乃言曰：孔子之道，其本在仁，其理在公，其法在平，其制在文，其體在各明名分，其用在與時進化。夫主乎太平，則人人有自主之權；主乎文明，則事事去野蠻之陋；主乎公，則人人有大同之樂；主乎仁，則物物有得所之安；主乎各明許可權，則人人不相侵；主乎與時進化，則變通盡利。」[2]

完成《大同書》的寫作後，康有為踏上歐美遊的旅程。他歐游第一國為義大利。在義大利，他遊歷了羅馬、那不勒斯、佛羅倫斯、威尼斯、米蘭等城市，重點參觀文物古跡。他出於對中國古建築的偏愛，對同樣聞名於世的古羅馬建築評價甚低：「吾昔聞羅馬文明，尤聞其建築妙麗，傾仰甚至。及此遊也親至羅馬而遍觀之，乃見其土木之惡劣，僅知用灰泥與版築而已。其最甚者，不知開戶牖以守光。以王宮之偉壯，以尼祿之窮奢，而其拙蠢若此。」[3]他以記載中的中國

2　《康南海自編年譜》，中華書局，1992年版，第87頁。
3　《義大利遊記》，《歐洲十一國遊記二種》，嶽麓書社，1985年版，第112頁。

漢代宮室作比較：「今以三輔故事所述漢武帝之宮比之：建章宮度為千門萬戶，其東則鳳闕高二十餘丈，上有銅鳳凰，立神明台、並幹樓皆高五十丈，輦道相屬焉。其上有九室，形或四角八角。張衡賦謂井幹疊而百層，與巴黎之銅樓何異。其北太液池，中有漸台，高二十餘丈。中有蓬萊、方丈、瀛洲、台梁，像海中三神山龜魚之屬。其南有玉堂、璧門大鳥。承露盤高二十丈，大七圍，以銅為之。上有金銅仙人掌，至唐尚存。……《漢書》稱成帝之昭陽殿，中庭彤朱，赤壁青瑣，殿上髹漆，砌皆銅遝。黃金塗，白玉階，壁帶往往為黃金，銜藍田璧，明珠翠羽飾之。」[4]帝王宮殿，能夠代表當時國家的建築水準和文化水準。康有為認為：意中兩國帝宮的比較說明，中國古代文化比之義大利要先進。義大利帝宮，尚保留「太古野蠻之遺風，以我秦漢之宮殿視之，不幾若今荷蘭人之視竹渣王宮乎？」[5]但是，中國古代這樣輝煌的文化遺產，卻沒有得以完整地保存下來。其因有三：一是戰亂的破壞，「阿房之宮，燒於項羽，大火三月。未央、建章之宮，燒於赤眉之亂。仙掌金人，為魏明帝移於鄴，已而入于河北。齊高氏之宮，高二十六丈者，周武帝則毀之。陳後主結綺臨春之宮，高數十丈，咸飾珠寶，隋滅陳則毀之。餘皆類是。故吾國絕少五百年前之宮室」。[6]其二，中國傳統視工程技術為末技，發明家地位低下，不利於保存和發展工程技術，甚至古代的一些優秀發明也遭湮沒。「中國數千年美術精技，一出旋廢，後人或且不能再傳其法。若宋偃師之演劇木人，公輸、墨翟之天上半鳶，張衡之地動儀，諸葛之木牛流

4　　《義大利遊記》，《歐洲十一國遊記二種》，嶽麓書社，1985年版，第113頁。
5　　同上，第112—113頁。
6　　《義大利遊記》，《歐洲十一國遊記二種》，嶽麓書社，1985年版，第115頁。

馬，南齊祖沖之之輪船，隋煬之圖書館能開門掩門、開帳垂帳之金人，宇文愷之行城，元順帝之鐘錶，皆不能傳於後，至使歐美今以工藝盛強於地球。此則我國人不知崇敬英雄，不知保存古物之大罪也。」[7]其三，中國木結構房屋，易遭火災。「今我國大失光明，皆木構之義誤之。六經言宮室，雖有制度，並不限以木材。而今古相傳，同遵愚術。」[8]相對而言，「惟羅馬亦有可敬者。二千年之頹宮古廟，至今猶存者無數。危牆壞壁，都中相望。而都人累經萬劫，爭亂盜賊，經二千年，乃無有毀之者。」[9]康有為指出，要向西方學習，保護好文物古跡，一是以切實的措施保存古物並使之為社會服務，如開闢遊覽等；二是建築應用石料，改變木結構的傳統。他認為，保存文物古跡是保存和發揚民族文化的重要內容。[10]

與宮室的簡陋絕然不同的是，羅馬的寺廟光彩奪目。「歸途遊散，得丫泥襖祠，皆文石為之，極壯麗。然在羅馬，如此者四百餘寺，司空見慣，若無所睹，亦複游不勝遊。……羅馬寺廟，自彼得殿外，莫如保羅廟，此誠地球絕倫之精工者也。」[11]康有為又聯想到了我國的情況：「吾國人之不知敬教也。……各國于其本國言語、文字、歷史、風俗教宗，皆最寶愛之，敬重之，保存之；而後人性能自立，一國乃自立。故各國學堂、獄、醫，必有其敬禮國教之室，不如是則殆比於野蠻人。況孔子之道，既相容並包，又為吾國所產，尤為親切。與他國之尊他邦之聖者不同，故應與阿剌伯之敬摩訶末同

8. 同上，第117頁。
9. 同上，第115頁。
10. 《歐洲十一國遊記二種》，第118—121頁。
11. 同上，第122—123頁。

耳。」[12]在比較中重新提出了孔教問題。康有為認為，孔子發明的三世說，今天用來觀察歐洲同樣適用，「今觀孔子三世之道，至今未能盡其升平之世，況太平世、大同世乎？今歐洲新理，多皆國爭之具，其去孔子大道遠矣。……竊觀今者歐美風俗人心，與中國正相若，其去性善自由，皆甚遠也。國爭若是，險詐橫生，此正大行春秋之時。且一切據亂之義，尚合於今時，而萬不能求之高遠。」[13]過去自己對歐美的認識如隔岸觀火，不夠真切，「吾昔者視歐美過高，以為可漸至大同，由今按之，則升平尚未至也。」因此「孔子於今日，猶為大醫主，無有能易之者」。[14]他還隨手指摘了國內的非聖激進言行：「夫故妄者，自以為能知新，實則尚未能審時也。而謬發非聖之論，以毒後生、害風俗，此其罪不在洪水猛獸下。……今之少年，求新太過，躐等而馳，亂次以濟，固宜無所不有。十年後，必講保國粹之義。必有英俊之士，負荷斯道，大發教宗，以行於天下者。」[15]接下來康有為從駁斥中國無宗教入手，論述了孔教觀的由來及內容。「或有謂宗教必言神道，佛、耶、回皆言神，故得為宗教。孔子不言神道，不為宗教。此等論說尤奇愚。」他發問道：「試問今人之識有『教』之一者，從何來？秦漢以前，經、傳言教者，不可勝數，是豈亦佛、回、耶乎？信如斯說，佛、回、耶未入中國前，然則中國數千年為無教之國耶？」其實人們不明，宗教非止神道一類，「夫教之為道多矣，有以神道為教者，有以人道為教者，有合人神為教者」。它們的宗旨一樣，「要教之為義，皆在使人去惡而為善而已，但其用法不同」。上

12　《歐洲十一國遊記二種》，第124—125頁。
13　《歐洲十一國遊記二種》，第125頁。
14　同上。
15　同上，第125—126頁。

古宗教多言鬼神,是借用鬼神之威力匡正風俗,使人戒惡從善。「古者民愚,陰冥之中事事物物,皆以為鬼神。聖者因其所明而怵之,則有所畏而不為惡,有所慕而易向善。故太古之教,必多明鬼。而佛、耶、回乃因舊說,為天堂地獄以誘民。……孔子亦言:聖人以神道設教,百眾以畏,萬民以服。」[16]但是,在中國,過分崇敬鬼神也帶來了一定的問題,一是「民之信奉雜鬼神者太多」,僅從《史記》、《漢書》考之,就達上百種之多。這樣百姓就失去了共同的安身立命標準。二是「神權太昌」,反而壓制了宗教本應有的人道內容,不適於「人智大明」後的時代。因此「孔子惡神權之太昌而大掃除之,故於當時一切神鬼皆罷棄,惟留天地山川社稷五祀數者,以臨鑒斯民。雖不專發一神教,而掃蕩舊俗如此,功力亦極大矣。其仍留山川社稷五祀者,俾諸侯大夫小民,切近而有所畏,亦不得已之事也。若至人智大明,則泛掃之亦易事耳。孔子以掃蕩舊時神俗,故罕語神」。[17]孔子掃蕩舊時眾神,並非不要宗教,而是創制出一種適合國情,包容神、人二道,與時變通,能規範久遠的新宗教。「孔子實為改制之教主,立三統三世之法,包含神人,一切莫不復疇,至今莫能外之。其三世之法,與時變通,再過千年,未能出其範圍。」朱熹及後人未能理解孔子的這番苦心,「朱子不深明本末,乃仍發明《論語》,以為孔子之道在是,則割地偏安多矣。此乃朱子之孔子,非真孔子也。或乃不知孔子實為儒教之祖,誤以為哲學一家,乃以蘇格拉底比之,則亦一朱子之孔子而已」。[18]康有為力圖去掉朱熹對孔子形象的包裝,

---

16　《歐洲十一國遊記二種》,第126頁。
17　《歐洲十一國遊記二種》,第127頁。
18　《歐洲十一國遊記二種》,第127頁。

還孔子以本來面目，實際上是按照自己的理解，給孔子穿上了一件新外衣。下面，康講到孔教的本質：「孔子敷教在寬，不尚迷信，故聽人自由，壓制最少；此乃孔子至公處，而教之弱亦因之。然治古民用神道，漸進則用人道，乃文明之進者。故孔子之為教主，已加進一層矣。治較智之民，教主自不能太尊矣。」[19]康有為既要照顧儒家傳統的特色，又要體現自己的人道主義思想，只好把中國人歸入「較智之民」的行列，至於與他處論及中國人的矛盾說法，在此就不管了。有意思的是，梁啟超在這段話後加了一段按語：「近者西人多有以哲學代宗教之論，蓋亦以人道教代神道教也，我國則二千年前已臻此境耳。」[20]這段話前一半可說是康氏孔教的絕好注腳；後一半「二千年前已臻此境」把話說實，卻是有點誤解乃師。康有為之意在於，孔子的孔教思想，為微言大義，並未著錄，且沒有實行過，留待後聖去發揮和實踐，這就為他批判專制和闡述自己的孔教思想留下了空間。梁把話說實，二千年前既「已臻此境」，那麼今天興孔教的意義又何在呢？這是未能解明康有為的虛實之術。康有為此時對孔教的適用範圍，似乎也有兩種不同的說法。一種從保存和發揚民族精神、民族文化的角度出發，認為孔教是同基督教、伊斯蘭教並立的宗教，它們各有特色。一種從「大同」角度出發，認為孔教普遍適用於各民族。「吾觀今歐美之人心風俗，由分爭而漸趨於一，由級別而漸趨於平，由好利而漸尚於名，由好禮儀而益底于文明。其中非禮之禮、非義之義甚多。……試讀各國憲法及國際法，何一不同於《春秋》？如此粗濁亂世，乃正宜以《春秋》治之。又人智已漸開，神權亦漸失，孔子

19　《歐洲十一國遊記二種》，第127—128頁。
20　《歐洲十一國遊記二種》，第128頁。

乃真適合於今之世者。」[21]

在義大利期間，康有為參觀了許多刻石、藏畫處，羅馬重要的博物館、舊時宮殿他幾乎處處必到。而且，每觀一處，必發議論。有的論及中西畫法的變異；有的讚歎西方藝術的精美；有的分析藝術與文明的關係；時有精闢之論。

考察議院制度，是康有為義大利之遊的另一收穫。羅馬元老院的由來，使他領悟到西方議會的源頭。「今歐洲各國議院之開，亦由元老院舊事，入人腦中，故得刺激而為之。然則希臘之議院，可謂為今大地議院之太祖；羅馬之元老院，可謂為今大地議院之太宗，所關亦大矣。」不過，儘管這樣，元老院與今日的議會，還是有著本質的區別。「羅馬元老院議員，只羅馬都人充之，實同於貴族院寡人之政治，非全國民心之公體也。意則甚佳，體則未備。今憲政青出於藍，冰寒于水，過之遠矣。」[22]談到這裡，康有為又不由聯想到中國。「我昔堯舜諮嶽，盤庚進民，猶有其旨。而中國亙古乃無議院政體、民舉之司者。」原因何在？「國民非不智也，地形實為之也。蓋民權之起，必由小國寡民，或部族酋長之世。……惟歐洲在地中海、波羅的海之中，港島槎椏，山嶺錯雜，其險易守。故易於分國，而難於統一，乃歐洲之特形也。故遠在希臘，區區蕞爾之地，不足當中國之一省，而已分為十二國……其時南若埃及、腓尼西亞、東若巴比倫、敘利亞，皆文明久啟，商市互通。地既不遠，希臘人士得以遊學探險，虛往實歸，采各國之所長以文其國。民以通商而富，士以遊學而智。

21　《歐洲十一國遊記二種》，第128頁。
22　《歐洲十一國遊記二種》，第140頁。

智民富族既多，莫肯相下，故其勢必出於公舉賢而眾議之。……故梭倫以富人四級立會議之法，行之二百年。此民立議院之必開於希臘者，地形為之也。」[23]這段對希臘民主政治由來的分析，今天讀之，仍有魅力。隨後，康有為歷數羅馬貴族專制和日爾曼議會特別是英國議會制度的歷史，進一步論證小國寡民和地勢侷促之處乃有早期民主制度，而「國土稍大至千數百里，人民多至百數十萬，即有君主執權，無複有此等會議之事」[24]。康有為強調地理環境對國家制度的影響，總結說：「歐洲數千年時之有國會者，則以地中海形勢使然。以其海港汊洳紛歧；易於據險而分立國土故也。分立故多小國寡民，而王權不尊，而後民會乃能發生焉。」[25]印度、波斯、埃及、巴比倫等廣土眾民之國，則相反而形成「君權極尊」之國。他特別比較了中國與希臘、羅馬的同異，認為從先秦的貴族民主制度到維繫兩千年的君主專制，皆為「中國之勢」使然。不過，康有為雖然強調地理環境的重要，卻並不認為地理環境是唯一的、決定的因素。中國這樣的國家也可以行民主政治。「今大地既必行此政體矣。英得伏流之先，故在大地最先強。歐美得其播種之先，故次強。……及今移植而用之，人下種而我食之，豈不便易乎，何必怵他人之先我哉！……天道後起者勝也。」[26]中華民族快步趕上，必可自立於世界民族之林。康有為既是一個清醒的世界主義者，又是一個熱情的民族主義者，他突破了地理環境決定論的宿命論色彩，對民族強盛充滿了信心。

23　《歐洲十一國遊記二種》，第140—141頁。
24　同上，第143頁。
25　《歐洲十一國遊記二種》，第141頁。
26　《歐洲十一國遊記二種》，第147頁。

「羅馬沿革得失」是康有為較為重視的另一問題。他試圖從歷史的角度總結這一人類的共同財富，評判其得失。其間，康特別注意政俗的考察。對西方近代社會，康的注意力轉向經濟，「今者重都府、通道路、速郵傳、立銀行四大政，與其法律大行於歐洲，為盛強之一大原因焉」。相較而言，「我國地土廣大，逾於羅馬，而不知大治道路以速通之；以金貯庫，而不知立國家銀行，以操縱財權焉。……今各國之富強，全藉銀行為轉輸」，[27]這番議論，是頗有見地的。

　　對義大利社會現實的考察，集中在「義大利國民政治」一節裡。過去國人對西方的態度大體有兩種類型。一種仍以夷狄視之，不屑一顧；另一種主張向西方學習，但對西方內部的情形，不甚暸解。雖然有人寫過遊記，但多為一般觀感，未對社會有切實細緻的剖析。也有若干西方名著翻譯出版，使人得以知曉某一思想家或學派的概況。不過，此種從書本到書本的介紹，在社會學的意義上，並不十分有助於增進對西方社會的認識。這種情況的產生，一是由於遊歷者多為滿清循吏，吃喝遊玩自是不差，談到認識社會就不具備條件了。像郭嵩燾這樣的駐外大員屬鳳毛麟角，可惜的是，他那寶貴的日記當時沒有公開出版。一是有能力的赴歐人士又不一定對研究現實社會感興趣。如嚴復，傾其精力於介紹西方理論著作，等等。從這個意義上來說，康有為可說是中國全面研究西方社會現實的第一人。早在1886年寫作《實理公法全書》等著作的時候，他就非常注意收集利用當時報刊上反映西方社會現實的數位和資料，後來修改書稿時，又不斷地補充新

27　《歐洲十一國遊記二種》，第159頁。

資料，以至於後人研究這本著作時，對寫作時間還產生過懷疑。[28]這次，康有為親臨西方，自然會對當地社會進行一番細緻全面的調查研究。在「義大利國民政治」這個題目下，他收集了大量的統計資料。涉及的內容有：土地、人口、政區等國家概況，交通通信，農業產量與人民生活，大機器生產情況，礦產和其他資源，稅收、軍力、銀行、殖民地情況等。試以土地利用和其他資源利用為例，「義田有田主自耕者，有田主及工人均分者，有佃人之地而納租稅者，亦與中國同。地主一百六十一萬人，凡地五千八百二十萬英畝，每人平均得地三十六畝。蓋大農少，故機器亦少歟？每畝平均價值，耕地十一鎊，不耕地五鎊，總值三億七千七百萬鎊。林地一千萬英畝，出林木九百萬噸，以五百萬噸供薪炭，四百萬噸供木材，歲值三百五十萬鎊，所產值每畝值英七詩令。漁業七萬人，漁船二萬三千，歲入漁值七十萬鎊。礦工六萬七千人，硫黃山六百十所。惟全國無一煤礦，歲用煤四百萬噸，全借外國輸入，其損害國力甚大」。[29]以上所引可見調查收集資料之一斑。康有為對義大利社會的研究，有幾個顯著的特點：第一，以統計數字及各類資料說話，每發一議，也是在統計資料的末尾給以總結性的提示。如上引一段之後，他議論道：「其與我國煤層無限，山西一省可比英倫，宜義人福公司之力爭此利也。我國人不知意之貧與我等，但望見歐人，一律畏而待之，豈不愚哉！」[30]第二，比較全面地反映社會各方面的指標，特別重視社會物質生產方面的情況。如通過蒸汽力的進步來反映社會生產能力：「義國二十年來，機

28　《實理公法全書》注明為1886年寫就，但其中引用了法國19世紀90年代離婚的統計資料，後人因此有懷疑寫作時間乃偽造的說法。
29　《實理公法全書》，第174—175頁。
30　《實理公法全書》，第175頁。

器之進步亦大矣。同治十年時，其蒸汽力一百三十二萬噸；至光緒二十年，已增五倍餘，為五百五十二萬噸。此則過於我國者矣，吾國所宜最急務也。」[31]第三，發現西方亦有貧困現象。「故其食穀品，法蘭西人每年一噸，義人僅得半噸。其農產物值，法國每人平算得五十九磅，義人僅得三十鎊。其全國產肉三十九萬噸，除輸出二萬噸外，每人每年僅得肉二十七磅，不足以養生。故醫生德林樹謂義人之死，百分之四者為滋養不足，血枯而死。蓋比之英民，死者多百分之三十八。服食之不足，死數幾多半百。民以貧而夭弱，亦可畏哉！以故義人在本國不足為養，故必須遷徙。故連年遷往南美者百一十萬人，美國則二十八萬六千人，其他各地六十二萬，共二百余萬人焉。吾聞在紐約之義人，窮苦污穢之狀，甚於我國。皆由國貧而機器不開，少大工廠養之致然。不知大勢者，視歐人皆豪富逸樂若神仙，則大誤矣。」[32]上述三個方面的特點，從形式到內容都不同於傳統的做學問方法。從形式上說，傳統學問路數，不管是內聖還是外王之學，基本從經典或歷史得失興亡中引發議論。康有為根據統計資料立論，拋開權威之說從社會現實出發，實際上是一種近代社會學的研究方法，帶有相當的實證色彩。在康之前雖有人介紹過西方的社會學理論，但用以指導社會研究的似乎還未見。在這個意義上可以說，康有為對義大利社會的剖析，實開中國社會學研究之先河。從內容上說，傳統學問之物件為王朝更替、吏治得失、制度沿革，或是心性義理。康的研究，直指社會最大量的人民生活與社會生產問題，並從中引發出中國社會改革的看法。這個路數，上承《實理公法全書》而不同於

31　《實理公法全書》，第174頁。
32　《實理公法全書》，第173頁。

《內外篇》或「兩考」。大概康有為已經認識到，研究方法為工具性的東西，不同的研究對象應使用不同的研究方法。這個時候，方法已不再困惑著他的思想學術研究，而比較能夠得心應手地使用了。

康有為本來還列有「義大利之俗」一節，準備研究社會文化與物質進步的關係。他發現義大利統一及實施憲政皆早於德、日，而強盛不逮。個中緣由，「教之壓制愚弱已久致然耶？抑以地小民寡不如德日耶？」[33]康有為提出了問題，但終因「其內情甚深遠，非旅人匆匆所能深知」[34]而作罷。

「羅馬之教」是康有為考察的又一重點。在回顧了基督教發展的歷史之後，康有為指出：「今義人乘德法之戰，削教皇之大權，此實革命之尤大者。於今教皇，遂如東周君之僅擁虛位。蓋自路德新教出，而天主教遂成偏安。」[35]他看出了「削教皇之權」在近代的革命性意義，這也就是後來講到的「政教分離」。在此之前，「教皇實以師代君」，政教合一的體制阻礙著近代民主化進程。自「馬丁路德教興」，推動政教分離，它所帶來的結果，一方面使政權甩開了教權的轄制，得以循著民主化軌道演進；另一方面，教權脫離了政權依附，宗教日益失去世俗統治功用，而成為維持民族精神和國民道德教化的精神信仰。這種結果當然是革命性的。康敏銳地看出宗教改革在西方近代化過程中的作用，為他進一步完善自己的「孔教」思想作了準備。

33　《實理公法全書》，第179頁。
34　《實理公法全書》，第179頁。
35　《實理公法全書》，第181頁。

「論五海三洲之文明源土」一節，反映了康有為對國際政治和人類文明走向的認識。從歷史上看，康以為中近東地區是人類文明的發源地，又為自古經濟、軍事要地。「大地文明之古，自中國、印度以外，以今突厥之境，為文明發生之始，亦為爭戰之聚。其變化繁多，薈萃雜沓，關係歐亞而交通之，實為大地數千年來最重大最怪異之境土。」[36]雖然康有為沒能親自赴該地區訪問考察，但通過對周邊國家的考察，利用自己積累的知識與閱歷，還是對上述地區作出了全面而深刻的分析。中近東為「五海三洲交會之地」，獨特的多樣化的地理條件使得那裡不僅成為匯通各區的樞紐；而且由於地理位置的重要，爭戰頻仍，先後有不同民族建立過不同形式的統一政權。不同民族的統治使得這個地區文化交融；三洲居中的地位又使得它對世界文明產生影響，反過來三洲的各類文明也都影響於它，因此形成了世界「最重大最怪異之境土」。相比之下，中國文明由於交通阻扼，「四境極難通過」，所以與外界交流甚少，影響了中華文明走向近代的步伐。中近東的古代文明，通過十字軍輸入到了歐洲，歐洲開放的地理環境，使其文明極具開放性。這種祖承中近東的歐洲文明，近代以來又通過中近東傳播到了印度、日本，影響及於我國。目前，中近東地區雖然「為四教所困滯」，但獨特的地理位置決定其不會久甘寂寞，「則此五海三洲之片土，當歐亞之中線，必複為文明所走集，其將為大地之公都會耶？……此吾國人所宜注目也」。[37]排除康有為對人類前途的過分樂觀，他對中近東地區在未來國際政治中所處地位的預測，是頗有見地的。

36　《實理公法全書》，第197頁。
37　《實理公法全書》，第201—202頁。

如果說，《義大利遊記》側重於思想文化方面的探討，《法蘭西遊記》則凝結了康有為對政治進步的沉思。他一向主張，政治變革不能越位而行，應循序漸進，與思想文化進步和物質建設協調。他雖不排除必要的暴力方式，但認為只能在具備條件的情況下方可行之，而且要儘量避免，以減少社會的震盪和人民的苦難。這一觀點在實踐方面的論據，主要來自對日、法、美、英等國家近代化過程的總結。不過，由於沒有親往考察，所據資料，多源於他人的報導論述。根據第二手資料立論，便不免有隔靴搔癢之感。此次法國之行，目睹大革命的後果及社會現實，使以往觀點更加充實、更加完善。康有為在法國的訪問考察，集中在社會進步方式的分析和思考方面。第一，法國大革命的後果並不像人們最初預言和革命宣傳家所鼓吹的那般美好。從社會現實看，「若夫覽其革命之故事，睹其流血之遺跡，八十三年中，傷心慘目，隨在多有。而今議院黨派之繁多，世爵官吏之貪橫，治化汙下，遜於各國」。[38]革命後，理想的天堂沒有出現，社會反而愈加混亂，官場腐敗現象更為嚴重。從政治制度的建設看，「法人雖立民主，而極不平等，與美國異。其世家名士，詡詡自喜，持一國之論，而執一國之政，超然不與平民齊」。[39]與革命最初的動機相反，民主政治在形式上建立了，事實上卻依舊是不平等，甚至比革命前有過之。「是故，比英言之，則法革命之禍，與英安樂之福，宜其絕殊；比德言之，則法人自由散漫之失，與德國以主權國權督率之得，又可作證。夫英為立憲國，而非民主；德更兼君權而主服從，然較之

38　　《實理公法全書》，第207頁。
39　　同上。

於法，其效之得夫若此。」[40]第二，革命或改革，對於社會進步的目的而言，都不過是一種手段，切不可把手段當作目的。不同國家的近代化建設，應根據各國國情，照抄別國的經驗只能帶來失敗。法國的教訓尤須注意，「拉飛咽以美國政治之平等致治有效，欲以美國之政施之法國，而不審國勢地形之迥異。於是在美行之而治，在法行之而亂也。是猶醫者治病，不審表裡虛實，而以驗方施之；其病在實在表者而效，則病在裡在虛者，必反而不效矣」[41]第三，尊重人權和實行民主，是近代國家政治建設的普遍準則。「且夫拉飛咽所持美國之驗方，實天下公理之至也。其要旨曰：人權平等也，主權在民也，普遍選舉也。此至公至平之理，聖者無以易之，實大同世之極則也。」[42]但是，要想實現這一目標，必須循序漸進，不可躐等。我國的民主建設，應吸取法國大革命教訓。「孔子立意廣大，但未至其時而妄行之，則不可也。君主、民主之法度，譬猶方藥也。方藥當對其病，治法當視其時。中國未至其時，而或者妄欲師法，是大謬也。」[43]第四，民主政治的建設，革命、改革或可取其一途，而文化的進步斷斷革命不得。「法未革命之始，先已毀教殺僧。民無教義禮法以服從其心，綱紀蕩然，如猛獸假于自由，以恣兇橫。無君無師，無教無學，無禮無義。賊民興，喪天日，與之天下，豈能一朝居乎？觀法大革命七年中而恍然也。」[44]

　　康有為海外遊歷的七年，特別是對歐美的考察，是他晚年思想學

40　同上，第261頁。
41　同上，第295—296頁。
42　《實理公法全書》，第296頁。
43　《實理公法全書》，第290頁。
44　同上，第298頁。

術體系成熟的至關重要的外部條件。以此為契機，他對西方文化的認識深入而具體了，在比較中，對中國文化近代化的路途，認識更為清晰而自覺。可以說，在比較文化中保存和光大傳統文化是這一階段康有為自覺的文化追求。

3.2　理想主義者的情懷

1901至1903年間，康有為在印度大吉嶺完成了《大同書》的寫作。關於《大同書》和康有為大同思想的評價，是康有為研究中的又一個重大問題。康氏自況：「光緒十一年（1885年）……乃手定大同之制，名曰《人類公理》。以為吾既聞道，既定大同，可以死矣。」[45]按照這種說法，後來發表的《大同書》的基本思想甚至《大同書》的某些篇章在1885年便已經具備了。有一條證據似乎能支持其說。1985年江蘇古籍出版社出版的《大同書手稿》，刊有犬養毅的一篇跋文，其中說到：「南海先生僑寓東京距今殆四十年也。先生出示《大同書》稿本廿餘篇，是時起稿以後已經廿餘年，深藏篋底。先生晚年僅刊第一篇，無幾棄世。」[46]不過，史學界大多數人從來不相信康有為自己的陳述，認為他有「倒填年月的毛病」，不足以信。儘管有人據犬養氏之跋和其他材料論證《大同書》起稿寫作當在19世紀80年代，[47]但從考據學的角度看，尚缺乏強有力的論據支持，難怪房德鄰先生在新

45　《康南海自編年譜》，中華書局，1992年版，第13頁。
46　《大同書手稿》，江蘇古籍出版社，1985年版。
47　朱仲嶽《〈大同書〉手稿南北合璧及著書年代》，載《復旦學報》1985年第2期。

著《儒學的危機與嬗變》[48]中提出責難。[49]看來，如果不能發現足以證明康氏起草《大同書》當在19世紀80年代新證據的話，這場爭論就似乎仍然不會有一種了結。

直接的證據無疑是歷史學研究的最值得重視的基礎，往往左右著我們的結論。不過，歷史和歷史記載並不盡如人意，它有如故弄玄虛的魔鬼，設下一個個陷阱，誘導人們在形形色色的「千古疑案」面前陷入無休止的爭論，中國近代史研究中，此種學術「公案」可說比比皆是。筆者以為，擺脫窘境，不妨跳出考據方法的束縛，從文本的比較中另覓蹊徑。具體說來，對康有為大同思想的形成時間，我們可以用已經確定的康氏早期著作和《大同書》進行比較研究，即從文本內容的角度辨析它們之間的繼承、發展關係。好在《大同書手稿》的發現和公開出版，為這一研究提供了便利的條件。

《大同書手稿》為《大同書》定稿前之作，這一點學術界大概不會有什麼異議。那麼，以此為前提，需要進一步探究的是，手稿與定稿後的《大同書》是什麼關係？它同康氏19世紀80年代的主要著作《內外篇》、《實理公法全書》又是什麼關係？

先看《手稿》「第一」。在這一部分裡，康有為用大量篇幅羅列了人類社會本身和自然界給人類造成的種種苦難。其中有些苦難用今天的標準看顯得過於瑣碎，並列的苦難大概有許多也不屬於同一層面上的範疇。不過，苦難本身似乎並不是康立意之處，對現實社會苦難

48　臺北：文津出版社，1992年版。
49　參見上書第232—241頁。

的渲染是為了烘托「救世」的必要性。康有為起首論述這個必要性時，實際從兩方面立論：一是滿足內在的「不忍人之心」，二是追求人類社會真善美的趨勢。值得注意的是，康的分析和論證，與早期的《內外篇》內容，有頗多相似之點。

在論及人民的苦難和由此引發的救世觀念時，手稿寫道：「若夫烹羊宰牛，殺雞屠豕，眾生熙熙，與我同氣，剗腸食肉，以寢以處。蓋全世界皆憂患之世而已，普天下人皆憂患之人而已，普天下眾生皆戕殺之生而已；蒼蒼者天，厚厚者地，不過一大殺場、大牢獄而已。諸聖依依，入病室牢獄中，畫燭以照之，煮糜而食之，裏藥而醫之，號為仁人，少救須臾，而何補於苦悲。康子悽楚傷懷，日月噫欷，不絕於心。何為戚感我如是哉？是何朕瞅？吾自為身，彼自為身，彼身自困苦，與我無關，而惻惻沉詳，行憂坐念，若是者何哉？是其為覺耶非瞅？使我無覺無知，則草木夭夭，殺斬不知，而何有於他物為。我果有覺耶？則今諸星人種之爭國，其百千萬億于白起之坑長平卒四十萬，項羽之坑新安卒二十萬者，不可勝數也，而我何為不感愴於予心哉？且俾士麥之大燒法師丹也，我年已十餘，未有所哀感也；及觀影戲，則屍橫草木，火焚室屋，而怵然動矣。非我無覺，患我不見也。夫是見見覺覺者，形聲於彼，傳送於目耳，沖觸於魂氣，淒悽愴愴，襲我之陽，冥冥岑岑，入我之陰，猶猶然而不能自已者，其何朕耶？其歐人所謂乙太耶？其古所謂不忍之心耶？其人皆有此不忍之心耶？寧我獨有耶？而我何為深深感朕？」他接著回答：「若吾無身耶，吾何有知而何有親？吾既有身，則與並身之所通氣於天、通質於地、通接於人者，其能絕乎，其不能絕乎？其能絕也，則抽刀可斷水

也；其不能絕也，則如氣之塞於空而無不有也，如電之行於氣而無不通也，如水之周於地而無不貫也，如脈之周於身而無不徹也。」在《內外篇》裡，則是：「康子燕居，目若熒，神若凝，心若思，眉間蹙蹙，常若有憂者。或問之曰：人生不易，佳日難逢，行樂無荒，以逸厭生，如何出囚以自戕賊也？曰：予非不樂生也。予出而偶有見焉，父子而不相養也，兄弟而不相恤也，窮民終歲勤動而無以為衣食也，僻鄉之中，老翁無衣，孺子無裳，牛宮馬磨，蓬首垢面，服勤至死，而曾不飽糠麧也。彼豈非與我為天生之人哉？而觀其生，曾牛馬之不若，予哀其同為人而至斯極也。以為天之固厄斯人耶？非然，得無政事有未修，地利有未辟，教化有未至，而使然耶？斯亦為民上者之過也。」「我則何為哉？我有血氣，於是有覺知，而有不忍人之心焉。」「盡予心之不忍，率吾性之不舍者為之，非有所慕於外也，亦非有所變於中也。……夫非有所為己，心好之而已，亦氣質近之爾。若使餘氣質不近是，則或絕人事，入深山，吾何戀乎哉？吾故以人道歸之氣質也。」[50]在前後兩段論述中，康有為對人世間苦難的描述儘管不同，但由此引發的救世觀念都歸結於氣質使然，明顯表現出前後思想的一貫性。

人之所以區別於動物而有「不忍人」即「仁」的觀念，康有為認為其根本原因在於人是一種「智」的動物。《手稿》：「夫浩浩元氣，造起天地。天者一物之魂質也，人者亦一物之魂質也……神鬼神帝，生天生地，全神分神，惟元惟人。微乎妙哉，其神之有觸哉！夫神者知氣也，魂知也，精爽也，靈明也，明德也，數者異名而同實。有覺

50　《康子內外篇》，中華書局，1988年版，第15—16頁。

知則有吸攝，磁石猶然，何況於人；不忍者吸攝之力也。故仁智同藏而智為先，仁智同用而仁為貴矣。」《內外篇》：「物皆有仁義禮，非獨人也。……惟無智，故安於禽獸耳。人惟有智，能造作飲食宮室衣服，飾之以禮樂政事文章，條之以倫常，精之以義理，皆智來也。……故惟智能生萬理。……就一人之本然而論之，則智其體，仁其用也。就人人之當然而論之，則仁其體，智其用也。」從人的本質角度認識問題，康有為始終堅持了「智體仁用」這樣一個原則，人的救世觀念源自「不忍人之心」即「仁」，而仁又是智的運用。正因為人憑藉智慧認識「萬理」，所以才能夠為仁的實現而自覺地赴湯蹈火。

「不忍人」之心，在康有為那裡，主要是人的本性的一種自覺抒發，是人的本性的一種自我滿足。在《手稿》中，他認為：「吾既為人，吾將忍心而逃人，不共其憂患焉？生於一家，愛人之鞠育而後有其生，則有家人之荷擔。……生於一國，受一國之文明而後有其知，則有國民之責任。……生於大地，則大地萬國之人類皆吾同胞之異體者也，既與有知，則與有親。」同時，「不忍人」之心又是人類同胞親情的一種體驗：「凡印度、希臘、波斯、羅馬及近世英、法、德、美之先哲之精英，吾已噬之、飲之、昨之、枕之、魂夢通之。於今萬國之元老、碩儒、名士、美人，亦多握手、接茵、連袂、分羹而致其親愛矣。凡大地萬國之宮室、服食、舟車、什器、政教、藝樂之飛奇偉麗者，日受而用之，以刺觸其心目，感蕩其魂氣。其進化耶則相與共進，退化耶則相與共退，其樂耶相與共其樂，其苦耶相與共其苦，誠如電之無不相通矣，如氣之無不相周矣。……吾為諸天之一物，吾

寧能舍世界天界絕類逃倫而獨樂哉！其覺知少者其愛心亦少，其覺知大者其仁心亦大。」在《內外篇》中，康有為「不忍人」之心的抒發具有一種雖知不可為而為之的悲壯氣氛：「我有血氣，於是有覺知，而有不忍人之心焉。以匹夫之力，且夕之年，其為不忍之心幾何哉？余固知此哉！無如有不忍人之氣。有不忍人之欲，只知所就有限，姑亦縱之。小則一家，遠則一國，大則地球，其為不忍人之效幾何哉？余故知之！無如不能制斷不忍人之欲，亦故縱之。竭吾力之所能為，順吾性之所得為而已。」[51]至於人類親情的體驗，《內外篇》中後來論述時層次不夠清晰，但其以「覺識（知）」大小為尺度衡量愛心大小的思路是一以貫之的。「凡人度量之相越，豈不遠哉！其相遠之故，習半之，學半之。以其習學之殊，而覺識殊矣。……故有僅愛其一身者，其識周於一身者也；有愛一家者，其識又周於一家者也；有推而愛其鄉族者，其識稍大矣；又有推其愛而及於邦邑者，識益大矣；其以天下為一家，中國為一人，血氣相通，痛癢相知，其覺識益大，其愛想之周者益遠，堯、舜、禹、湯、周、孔、墨是其人矣。視其愛一身者亦遠矣，其實不遠也，其識之殊也。」[52]在《手稿》和《內外篇》中，康有為把「不忍人之心」的展開都看作是人類本質自我實現的過程，這一過程隨著人「覺識」的增加向深、廣的領域發展。正因如此，「不忍人之心」不受到外界物質的或精神的力量的誘惑與阻礙。憑藉著自己的內在衝動實現著自我。這是一種深刻的人道主義。

在《手稿》和《內外篇》中，「不忍人之心」或曰人道的目的，

51　《康子內外篇》，中華書局，1988年版，第15頁。
52　同上，第18—19頁。

康有為均概括為「去苦求樂」。「去苦求樂」是人類與生俱來的一種本能。《手稿》：「夫生物之有知者，腦筋含靈，其與外物之觸遇也即有宜有不宜焉，有適有不適焉。其於腦筋適且宜者則神魂為之樂，其於腦筋不適不宜者則神魂為之苦。況于人乎，腦筋尤靈，神魂尤清，明其外物之感人于身者尤繁夥、精微、急捷，而適不適尤著明焉。適宜者受之，不適宜者拒之，故夫人道只有宜不宜，不宜者苦也，宜之又宜者樂也。故夫人道者依人以為道。」《內外篇》對人類本能的描述，比起《手稿》來，帶有更多的感性的和直覺的因素，所使用的概念，為「愛惡」這對更具主觀色彩的詞彙，但是，其所指內涵是頗為相似的：「人稟陰陽之氣而生也。能食味、別聲、被色，質為之也。於其質宜者則愛之，其質不宜者則惡之……故人之生也，惟有愛惡而已。欲者，愛之征也。喜者，愛之至也。樂者，又其極至也。哀者，愛之極至而不得，即所謂仁也，皆陽氣之發也。怒者，惡之征也；懼者，惡之極至而不得，即所謂義也，皆陰氣之發也。……故人生惟有愛惡而已。」[53]在《手稿》中，康有為認為，人類之樂為「喜群」和「相愛」，「夫喜群而惡獨，相扶而相殖者，人情之所樂也。故有父子、夫婦、兄弟之相親、相愛、相收、相恤，不以利害患難而變易者，此人之所樂也。其無父子、夫婦、兄弟之人，則無人親之、愛之、收之、恤之；時有友朋，則以利害患難而易心，不可憑藉；號之曰孤寡鰥獨，名之曰窮民，憐之曰無告，此人之至苦者也。聖人者，因人情之所樂，順人事之自然，乃為家法以綱紀之，曰：『父慈，子孝，兄友，弟敬，夫義，婦順。』此亦人道之至順，人情之至願矣，

53　《康子內外篇》，中華書局，1988年版，第9頁。

其術不過為人增益其樂而已」。而人類之苦，為「爭奪」，「結黨而爭勝，從強而自保者，人情之所不能免也。故有部落、國種之分，有君臣、政治之法，所以保全人家室財產之樂也。其部落已亡，國土無托，無君臣，無政法，蕩然如野鹿，則為人所捕虜隸奴，不能保其家室財產，則陷苦無量而求樂無所。聖人者因人情所不能免，順人事時勢之自然，而為之立國土、部落、君臣、政治之法，其術不過為人免其苦而已」。《內外篇》對苦與樂的描述更多地帶有人道色彩，因此貧困和解除貧困成為判分苦樂的標準，「康子燕居，目若熒，神若凝，心若思，眉間蹙蹙，常若有憂者。……予非不樂生也。予出而偶有見焉，父子而不相養也，兄弟而不相恤也，窮民終歲勤動而無以為衣食也，僻鄉之中，老翁無衣，孺子無裳，牛宮馬磨，蓬首垢面，服勤至死，而曾不飽糠麷也。彼豈非與我為天生之人哉？而觀其生，曾牛馬之不若，予哀其同為人而至斯極也。……使人人皆得樂其生，遂其欲，給其求，則余之好樂，將荒於人萬萬矣，雖日歌舞，豈所惡哉？若坐視其兄弟顛連困苦，眲眲側目，而己方縱逸焉，亦何樂之有？」[54]這裡的樂，所指並非人類普遍之樂，而實為救世主給人民帶來幸福後的自我歡愉，早期康有為的啟蒙意識和主觀自信的傾向是十分明顯的。隨著思想的深入，在後來的《手稿》中，對苦與樂的描述越來越細緻，越來越脫離自己的主觀感受而客觀化。

如果說，《大同書手稿》「第一」與《康子內外篇》有著千絲萬縷的聯繫，那麼「第二」更像是《實理公法全書》的繼續。《實理公法全書》是康有為1886年前後根據「幾何公理」寫下的一部有關人類

<hr>

54　《康子內外篇》，中華書局，1988年版，第16頁。

平等方面的著作，大概因其寫法的奇詭和鋒芒過露，當時無法被社會接受，所以康有為並沒有把它公之於世。《手稿》「第二」劈頭點出，「人類不平等者有三：一曰族賤，一曰奴隸，一曰婦女。不平之法，不獨反於天之公理，實有害于人之發達……」接下來從三個方面敘述了不平等的具體內容，提出了平等之法。《實理公法全書》主要是從正面闡述人類平等的大義，康有為寫作《實理公法全書》時，還沒有像後來那樣對西方社會和印度等國度進行實地考察，對國外的不平等現象，既沒有感性認識，也談不上多少理性認識，因此在《手稿》中主要從印度社會得出的「族賤」的不平等現象就沒有提及。不過，在《實理公法全書》中他反覆強調「人類平等」的主題，循著這樣的思路去考察、分析印度的種姓制度，引申出反對「族賤」的主張應當是順理成章的。

對所謂「奴隸」制度，《實理公法全書》沒有正面論述，而是從「君臣」、「父母子女」、「師弟」、「長幼」等方面闡發平等思想。在「君臣門」中，康寫道：「民之立君者，以為己之保衛者也。蓋又如西人有相交之事，而另覓一人以作中保也。故凡民皆臣，而一命之士以上，皆可統稱為君。……君臣一倫，亦全從人立之法而出，有人立之法，然後有君臣。今此法權歸於眾，所謂以平等之意用人立之法者也，最有益於人道矣。」[55]在「師弟門」中，康有為指出：「聖不秉權，權歸於眾。古今言論，以理為衡，不以聖賢為主，但視其言論何如，不得計其為何人之言論。……凡師之于弟子，人有自主之權。」[56]

---

55 《康子內外篇》，中華書局，1988年版，第45頁。
56 《康子內外篇》，第43—44頁。

在「長幼門」、「父母子女門」中，康有為堅持不管人們在家庭中或社會上的地位如何，他們都應該是平等的。總之，在康有為筆下，傳統的等級、尊卑、上下觀念被代之以人與人之間的平等關係。《手稿》比較詳細地敘述了各國奴隸制度的起源與演變，指出：「方今各國，奴隸之制盡解，買賣人口之風已禁，即俄最多奴，亦已除免。我國孔子創無奴之義，光武實施免奴之制，實於大地首行之，其於平等之道有光哉！……然云今中國奴制未除，以同為黃帝之子孫，不幸貧而見鬻，遂抑及世世子孫不得比於人列，傷哉，同類自相踐踏，何其愚也！……故以天之公理言之，人各有自主獨立之權，當為平等，不當有奴。」康有為這裡論述的「不當有奴」的思想，正是《實理公法全書》破除等級、尊卑思想的合乎邏輯的發展。

婦女問題是中國社會較為突出的問題，也是康有為始終關注的一個問題，對此他前後不惜筆墨，大肆鋪陳。在《實理公法全書》中，婦女問題是放在「夫婦門」一節中論述的，該節在全書中所占篇幅最長。康有為主要從法理上論述婦女平等問題。他認為，傳統丈夫可以更換妻子，妻子不能更換丈夫的制度習俗是不合人道的。「今醫學家已考明凡終身一夫一婦，與一夫屢易數婦，一婦屢易數夫，實無所分別。」其原因在於：「凡魂之與魂最難久合，相處既久，則相愛之性多變。」他指出，既然男女結合是以愛情為基礎，那麼任何外在的約束都不應存在。「凡男女如系兩相愛悅者，則聽其自便，惟不許有立約之事。倘有分毫不相愛悅，即無庸相聚。」這是一種最理想的夫婦之道。康有為又設想，如果還做不到這一點，那麼即使立約，也應解約，而且雙方對婚約的權利和義務是同樣的。「凡男女相悅者則立約

以三月為期，期滿之後，任其更與他人立約。若原人欲再立約，則須暫停三月，乃許再立。亦許其屢次立約，至於終身。其有數人同時欲合立一約者，詢明果系各相愛悅，則許之，或仍不許。」康有為的深刻在於，他所主張的婦女解放的目的是為了使婦女和男子共同過上一種人道的、合理的生活。這種生活是既反對縱欲，又反對「禁夫婦之道」的人的本性的自然抒發。[57]《大同書手稿》繼承了上述思想而又引用了大量的中外史實加以論證並在某些方面有所發展。《手稿》論及婦女時，首先指出：「以公理言之，女子當與男子一切同之；以實效征之，女子當與男子一切平之。此為天理之至公，人道之至平。」在這個前提下，康有為歷數了婦女不能享受與男子一樣社會權利的事實，她們「不得仕宦」、「不得科舉」、「不得充議員」、「不得為公民」、「不得預公事」、「不得自立」、「不得自由」、「不得為學者」。婦女不能保證同男子一樣具有「自立之權」。「女子與男子，同為天民，同隸於天，其有親交好合，不過若朋友之平交者爾，雖極歡愛，而其各為一身，各有自立、自主、自由之人權則一也。乃因太古挾強淩弱之餘孽，女子體少短弱，托庇于強男之宇下，或因強暴搶掠，劫挾其相從，於是積而成俗，女子常托於男子之家，遂失其自立之人權：一曰不得立門戶，二曰不得存姓名，三曰不得顧私親。」婦女既沒有自主之權，她們的婚姻大事，便完全由父母決定。「夫妻為終身之好，其道至難，少有不合，即為終身之憾，無可改悔。父母雖極愛子女，然形質既殊，則愛惡亦異，故往往父母所好而為子女所惡者，父母所惡而為子女所好者。即以執業而論，好高名則莫如士吏，好實

57　《康子內外篇》，中華書局，1988年版，第38—40頁。

業者則莫如為農商，而子女與父母往往各異其性者。其他狀貌、文采、技藝、事為，皆人各有好，萬不可強同。……更有不擇而妄適人者矣。其為大害，不可盡言。……更有童養媳者，貧家多行之，欲省婚娶之費也。年僅數歲，即依他人，惡姑不慈，待如奴婢，酷不能忍，輒複自盡。……凡若此者，皆愚儒因男強女弱之舊俗而誤緣飾美義，曰『烈女不事二夫』。……乃俗儒妄為陳義之高，至女子皆為終身之守，雖遇盜賊狂狡，既已誤嫁，飲恨終天，無自拔救。遂使夫也不良，得肆終風之暴，而女子懷恨，竟為終身之憂，救之無可救，哀之無可哀。於是諺所謂『嫁雞隨雞，嫁狗隨狗』，今果然矣，豈不哀哉！同是人也，豈可使萬百億千女子所適非人，抱痛銜恨如此！」除此之外，中國婦女還更受到纏足的危害。這一點，康有為基本上繼承了早年「不纏足」的思想。[58]康指出：「古於有罪者刻傷肌膚，故作墨、劓、刖、刵諸刑，然後世猶惡其不仁而改為笞、杖、流、徒……乃父母于子，偏設嚴刑，穿耳作孔，以掛垂環……至於小足，大地同尚……但不若中國之甚耳。數歲弱女，即為纏足，七尺之布，三寸之鞋，強為折屈以求纖小，使五指折卷而行地，足骨穹窿而指天，以六尺之膚圓，為掌上之拳握。日夕迫脅，痛徹心骨，呼號艱楚，夜不能寐。自五歲至十五歲，十年之中，每日一痛；及其長大，扶壁而後行，跪膝而後集。敝俗所化，窮賤勉從，以茲纖足，躬執井臼，或登梯而曬衣，或負重而行遠，蹣跚踟躕，顛覆傷生。至若兵燹倉皇，奔走不及，縊懸林木，顛倒溝壑，不可勝算。無道之敝俗，至斯已極。」從這裡我們清楚地看到，康有為對婦女問題的關注，其出發點

58　參看本書附錄《關於康有為佚文〈戒纏足會啟〉及其評價》。

是人類平等，這與他早期《實理公法全書》和其他著作中反映出的觀點是一脈相承的。或者可以說，儘管《手稿》論述婦女問題時，在視野的開闊、取材的豐富等方面都超出了早年的論述，但是其基本觀點沒有太大的變化。平等仍然是婦女問題立論的基礎。

《大同書手稿》「第三」，康有為以人類普遍平等為準繩，探討了新的倫理觀念。康有為認為，即使在父子、夫婦等家庭成員之中，倫理關係也應遵循平等的原則。但是，長輩與子女之間又有一層特殊的親情關係，「夫大地之內，自太古以至於今，未有能離乎父子之道者也。夫父母與子之愛，天性也，仁之本也，非人所強為也」。這種親情關係，經過人類社會長期的歷史演變，逐漸形成了一種相對固定的倫理關係。在中國，這種倫理關係與社會政治結合，人性的自然需要就變成了對人道的扼制，人性異化了。具體地說，倫理關係最基本的實體—家庭，成為制約人性健康發展的桎梏。「今將有家之害列：一、風俗不齊，教化不一，家自為俗，則傳種多惡而人性不能善。二、養生不一，疾病者多，則傳種多弱而人體不健。三、生人養人不能皆得良地，則氣質偏狹而不得同進于廣大高明。四、自生至長不能有學校二十年齊同之教學，則人格不齊，人格不具。五、人之終身非日日有良醫診視一次，則身體懷疾。……六、因有家之故，必私其妻子而不能天下為公。七、因有家之故，養累既多，心術必私，見識必狹，奸詐、盜偽、貪污之事必生。八、有私狹、奸詐、盜偽、貪污之性相扇相傳，人種必惡而性無由善。九、人各自私其家，則不能多得公費以多養醫生，以求人之健康。而疾病者多，人種不善。十、人各自私其家，則無從得以私產歸公，無從公養全世界之人而多貧窮困苦

之人……」在不厭其煩地羅列家庭所造成的危害過程中，康有為一直把是否符合人道作為裁定是非的尺度。他的早期著作《實理公法全書》論及制度、公法時，也持此種觀點。「制度者何？曰公法，曰比例之公私法是也。實理明則公法定，間有不能定者，則以有益於人道者為斷……」「人之始生，便具愛惡二質。及其長也，與人相接時，發其愛質，則必有益於人。發其惡質，則必有損於人。」因此，「最有益於人道」的「人立之法」，是「以興愛去惡立法」，即以符合人道的精神立法。[59]從《實理公法全書》到《大同書手稿》，透過康有為闡發的新倫理觀，我們可以窺到一條清晰的人道主義線索。有趣的是，《手稿》談到取消家庭後嬰兒的撫養時，大講「胎教院」的作用，認為是大同社會的重要社會機構。而《實理公法全書》則主要從平等和人道的角度，闡述了「育嬰堂」設置的必要性。同樣是「育嬰堂」或「胎教院」，從人道主義到大同理想，顯示著康有為思想的發展軌跡，又隱約透露出康氏「大同」理想的某種內在屬性。

其實，通過上述對康有為早期著作和《大同書手稿》的比較研究，我們已經可以得出結論：首先，《手稿》雖然描寫了大量大同社會的具體場景，提出了大同社會的許多具體設想，但是，康有為大同思想立論的出發點也可以說大同思想的核心，是平等觀念和人道主義。其次，以平等觀念和人道主義為核心的大同思想，是康有為早期啟蒙思想的自然的、合乎邏輯的發展。平等觀念和人道主義思想，在十九世紀六七十年代，曾經以其啟蒙的意義和價值，喚起了一批知識份子，掀起了近代思想解放的第一個高潮。然而，那理想化或者說理

59　《康子內外篇》，中華書局，1988年版，第33—36頁。

性化的價值，很難在現實社會中實現。康有為經過多年的上下求索，終於找到了平等觀念和人道主義能夠得以變為現實的社會載體，這就是大同境界。如果我們把上述啟蒙思想作為觀察和分析康氏大同思想的一種視角，那麼平等觀念、人道主義與大同思想之間的聯繫便清楚地顯現出來。這或許可以作為康有為大同思想形成、演變的另一種說法。最後，從這個意義上說，康有為大同思想的價值和意義，主要並不在於大同社會的具體描寫，而在於其間貫穿著的啟蒙意識。因此，也可以認為，康有為的《大同書手稿》，主要不是一部烏托邦式的作品，而是一部啟蒙主義的著作。

筆者在本節中，只是粗略地比較了《大同書手稿》和康有為早期著作。應該說，圍繞著《手稿》可以做的工作還有很多。就文本的比較而言，《手稿》與後來發表的修改本之間的關係，肯定也是一個饒有興味的研究課題。比如說，《手稿》較多地保留了與早期著作相同或相近的文字，在後來修改時的取捨之間，康有為思想又發生了什麼樣的變化。從文本的角度看，康有為寫作《手稿》時，大約參看了早年的若干重要著作（茲不贅述），我們不妨把《手稿》看作是早期啟蒙著作與《大同書》的中間形態。

3.3　新文化運動與「孔教」觀

新文化運動中，康有為與陳獨秀之間圍繞著孔教問題爆發了一場激烈的爭論。當時，「打倒孔家店」已成為新文化運動的主要內容和先進分子的共識，張勳復辟清王朝的政治活動與孔教主張又有著不容

否認的聯繫；其後，孔教觀反對者陳獨秀的文化意識和理論思維在事實上長期制約著人們對某些重要問題的看法。因此，似乎不言而喻的政治結論代替了從思想文化上對孔教觀的評價，而爭論雙方主張本身反倒一直沒能引起人們認真地探究。

辛亥革命前，康有為一直不贊成暴力革命方式，而是主張通過君主立憲建設近代國家。在與辛亥革命幾乎同時撰寫的《救亡論》中，他系統闡述了自己的觀點。他認為革命的根本意義是「革數千年專制之命」，達到「天下為公」。因此革命的重心就不在於民主共和或君主立憲等政體形式之爭，而在於建立三權分立、政黨政治等機制，以實現從「國為君有」到「國為民有」這一國體制度的轉變。他深刻地指出，革命者若只將目標停留在「排滿」、「恢復漢人權利」的水準上，不過重蹈歷史上改朝換代的「小革命」之覆轍，與歐美近代以來的「大革命」，相差不啻千里。然而，這並不意味著康有為不重視「革命」的具體途徑，儘管它是第二位的。康有為認為，根據中國列強虎視、軍閥自重、民智未開的現實，從「國為君有」到「國為民有」的「革命」，採用君主立憲方式更易於完成。辛亥革命發生後革命者之所為，使康有為的思想開始變化。他不再堅持君主立憲為中國「大革命」的唯一途徑，轉而注意研究革命者的主張及實踐：「今共和成立，已數月矣，五族既合，民心已一，亂無可慮。」雖然目前局勢仍「萬國眈眈，暴民攘攘……若能為之有序，措之得宜，講乎外勢而先弭內亂，以國為重而民從之，有政黨內閣以為強力政府，行保民之政，富而教之，保中國已有之粹，而增其未備，則中國之強，可計

日而待也」。[60]字裡行間，流露出他對革命者有保留的支持態度。

陳獨秀親身參加了推翻清朝統治的革命活動。他曾手創「岳王會」，舉行過武裝起義。辛亥後，陳獨秀兩度出任安徽都督府秘書長，實際主理政務，被譽為「治皖有功」。在任期間，他提出了一系列施政建議，主張大刀闊斧地革除弊端，有意以安徽為實驗基地，探索建設民主共和的政治制度。[61]

康有為、陳獨秀所抱有的美好理想不久便被袁世凱當政後的社會現實擊得粉碎。辛亥革命取得的那一點點形式上的民主成果變為袁世凱玩弄政治的工具。中央政府大借外債，進一步淪為外國列強的奴僕；各地軍閥割據自重，魚肉一方。國內政局日益動盪，社會更加黑暗。現實教育了人們：「民國」並未「告成」。有識之士逐漸從自我陶醉中清醒過來，思考辛亥革命失敗的原因。

康有為較早認識到了袁世凱操縱下「共和制度」的虛偽和腐敗。1913年3月，一紙《中國以何方救危論》，痛斥了假共和的鬧劇：今日之國，「名為共和，實則共爭共亂，為暴民專制而已。名為多數取決，實則少數暴民取決而已。昔也惡暴君之專制，發憤而去之」，今各地軍閥割據，中國愈加面臨被瓜分危險。因此，「中國近日之危亂，遠過晚清」。革命者犧牲流血，革命運動轟轟烈烈，何以後果竟至若此呢？康有為在現實面前不禁重新思考暴力革命方式與其客觀效果之間的關係：「以今茲之革命，非止革滿洲一朝之命也。謂夫教化

60　《康有為政論集》，中華書局，1981年版，第731頁。
61　參看《陳獨秀年譜》，北京鋼鐵學院1983年編印。

革命、禮俗革命、綱紀革命、道揆革命、法守革命，盡中國五千年之舊教、舊俗、舊學、舊制而盡革之，如風雨迅烈，而室屋盡焚，如海浪大作，而船艦忽沉，故人人彷徨無所依，呼籲無所訴，魂魄迷惘，行走錯亂，耳目不知所視聽，手足不知所持行，若醉若狂，終之唯有冷死沉溺而已。」至於革命所標榜的「民權」，固然是為「公理」，但中國地域廣大，民智未開，「不能如瑞士之人人公決法律，而待於選舉代議，則政治之權，落於少數暴民而已」。[62]康有為的分析，敏感地抓住了革命者的要害之一：把革命看得過於簡單化，在發動革命的同時，沒有提出適合國情的一整套政治、文化上的改革方略，或者說，只重視「破」而忽視了「立」的工作。革命者設計的共和制度由於不適合當時國情而難於實現，思想文化上則出現了可怕的空白。中國社會如何走出困境以真正完成近代化的任務？康有為提出了「政治、教化與物質」三者均衡發展以完成這一任務的社會進步學說。在此前後，他撰寫了《物質救國論》（1905年）、《中華救國論》（1912年）、《孔教會序》（1913年）等文章，從三個方面詳細闡述了他的思想。在談到政治與教化關係時，他形象地將其比喻為「車之雙輪」，認為「雙輪並馳，缺一不可」。[63]若政治、教化與物質三者比較而言，道德教化的近代化無疑是最重要和最難以完成的任務。

　　陳獨秀也從批判社會現實出發提出自己的理論主張。稍晚於康有為，他發表了《致甲寅記者函》，無情地揭露了袁世凱的反動統治：「國政劇變，視去年今日，不啻相隔五六世紀。……自國會解散以

62　《康有為政論集》，中華書局，1981年版，第810—819頁。
63　《康有為政論集》，中華書局，1981年版，第735頁。

來，百政俱廢，失業者盈天下。又複繁刑苛稅，虐及農商。此時全國人民，除官吏兵匪偵探之外，無不重足而立，生機斷絕，不獨黨人為然也。國人唯一之希望，外人之分割耳。」[64]針對此種局勢，在康有為的啟發下，陳獨秀也將自己的注意力轉向倫理道德和思想文化問題。他模仿康的口吻，以兩隻輪子形容理論主張的內容：「國人而欲脫蒙昧時代……當以科學與人權並重。」「若舟車之有兩輪焉。」[65]

至此，康有為與陳獨秀二人通過思考辛亥革命後的社會現實，不約而同地把自己的注意力轉向了思想文化問題，將建設近代思想文化的任務提到了全國人民面前。

如果說，康有為、陳獨秀一致認識到思想文化是為救治中國的關鍵問題，那麼在取什麼樣的思想文化，即近代中國應建立何種文化模式問題上，他們二人則大相徑庭，從而形成新文化運動中對立的兩大陣營。

他們的理論分歧源於基本文化觀的差異。康有為深受英國學者布賴斯（J.Bryce）的影響，將文化近似地理解為「傳統」（Tradition）。他用「教化」一詞表達對文化的基本認識：「中國有數千年之文明教化，有無量數之聖哲精英，融之化之，孕之育之，可歌可泣，可樂可觀，此乃中國之魂，而令人纏綿愛慕於中國者哉。」[66]陳獨秀理解的文化（教化），分作古代和近代兩大時期，代表近代文化的唯有西方文明：「文明云者，異于蒙昧未開化者之稱也：La Civilisation，漢譯

64　《陳獨秀文章選編》，三聯書店，1984年版，第66頁。
65　《陳獨秀文章選編》，三聯書店，1984年版，第78頁。
66　《康有為政論集》，中華書局，1981年版，第733頁。

為文明、開化、教化諸義。……近世文明，東西洋絕別為二。代表東洋文明者，曰印度，曰中國。……名為『近世』，其實猶古之遺也。可稱曰『近世文明』者，乃歐羅巴人之所獨有，即西洋文明也，亦謂之歐羅巴文明。」[67]

在西方語言和康、陳的理解中，「Tradition」與「Civilisation」是兩個不同的概念。前者強調文化的民族性、超時代性；後者強調文化的時代性，特別指近代文明。康有為、陳獨秀雖然都使用「教化」、「文明」的字眼來論述自己的主張，但它們的內涵實在不大一樣，也可以說，二人各執現代文化觀念的一端。理解和說明他們當年的理論分歧，應當首先弄清他們使用概念的內涵。康有為強調文化的民族性，勢必注意從中國文化傳統（主要是儒家學說）中發掘有價值的成分和給予近代式的解釋；陳獨秀強調文化的時代性，則很容易將注意力投向如何移植西方近代文明的問題上來。

文化概念內涵的差異，實際已包含著康有為、陳獨秀對傳統文化的不同認識。早在三十年前，康有為便否定了「中體西用」論者對傳統的解說，指出宋明以來之綱常，乃是對人道的壓抑和儒家學說的歪曲，不能算作傳統文化的主體。[68]辛亥以後，他未改初衷：「法國經千年封建壓制之余，學者乃倡始人道之義，博愛平等自由之說……以為新道德焉……人道之義，乃吾《中庸》、《孟子》之淺說……乃今得人道二字，奉為舶來之新道德品，而以為中國所無也，真所謂家有

---

67 《陳獨秀文章選編》，三聯書店，1984年版，第79頁。
68 參見拙文《傳統的突破與重鑄－康有為啟蒙思想論綱》《戊戌維新運動研究論文集》，廣東康梁研究會，1989年出版。

文軒，而寶人之敝駟也。」[69]經康有為解釋的傳統文化，已注入近代人道主義自由、平等、博愛的內容。他認為這才是傳統文化的內核和真精神。陳獨秀一反康有為的看法：「三綱之說不徒非宋儒所偽造，且應為孔教之根本教義。……此等別尊卑明貴賤之階級制度，乃宗法社會封建時代所同然……愚且以為儒教經漢、宋兩代之進化，明定綱常之條目，終成一有完全統系之倫理學說。斯乃孔教之特色，中國獨有之文明也。」在他看來，傳統文化為一堆僵死的、過時了的東西，專屬於中世紀所有，不可能轉換為近代文化。儘管它也包含著「溫、良、恭、儉、讓、信、義、廉、恥」諸德，但此乃「世界實踐道德家所同遵，未可自矜特異，獨標一宗者也」[70]，不應視為傳統文化的特色。

以上理解和解釋的歧導，引出康有為與陳獨秀在傳統文化能否成為近代文化形式主體問題上迥異的回答。康有為指出：「國魂不亡，國形乃存，然後被以歐、美之物質，擇乎歐、美之政治。」[71]，中國便可自立於近代民族之林。陳獨秀針鋒相對：「祖宗之所遺留，聖賢之所垂教，政府之所提倡，社會之所崇尚」的傳統，為「一文不值」的貨色，根本無法適應近代之用。[72]

那麼，究竟應該以什麼內容去建設中國近代文化呢？康有為列舉法國和日本建設本民族近代文化的事例：「或者以法革命之廢教也，

69　《康有為政論集》，中華書局，1981年版，第844—845頁。
70　《陳獨秀文章選編》，三聯書店，1984年版，第147—148頁。
71　《康有為政論集》，中華書局，1981年版，第800頁。
72　《陳獨秀文章選編》，三聯書店，1984年版，第77頁。

豈知法廢舊教而已，而尊天與基督無異也。」[73]「日本之變法，只師歐、美之政學，而極保其神佛之教。」他力圖說明，一個民族要想成功地走入近代，絕不能拋棄自己的文化傳統，只能以本民族文化傳統為主體，吸收他民族文化中合理的因素，來實現民族文化從中世紀形態向近代形態的轉換。為了說明自己的觀點，康有為大力強調傳統大同學說，指出「或者謂儒家經傳，多重倫綱，今政改共和，君臣道息，諸經舊義，窒礙難行，其道既不適於今時，其教即難施於世宙」的說法，是「未知孔子之大者也。孔子之為道，博大如天，兼備四時……若至太平大同之義，則稍微其文，以待後聖發揮其義……今孔子有平世大同之道，以治共和之世，吾國人正可歡喜恭敬，講明而光大之」。[74]傳統的這部分內容，經「後聖」的解釋和發揮，完全可以成為中國近代文化的主體。陳獨秀根本否定康有為的觀點，認為近代以來，人類文化不論其「古不古」、「國不國」，已具有共同的判斷標準，「無中外古今之別」，只有進步與落後之分。代表今日先進者為「歐羅巴」文化。中國邁向近代，除政治、經濟上效法歐西外，文化上儘管「直徑取用」西方文化，「較之取法二千年前學術初興之晚周、希臘，誠勞少而獲多」。[75]中國文化近代化的任務，豈不是又省力又快捷地便可完成！

康有為進一步討論了中國近代文化的載體問題。他意欲以改造了的孔教充任這一角色。如何實施改造呢？從歐西成功的經驗看，「各國皆妙用政教之分離，雙輪並馳，以相救助，俾言教者，極其迂闊之

73　《康有為政論集》，中華書局，1981年版，第735頁。
74　《康有為政論集》，中華書局，1981年版，第727—728頁。
75　《陳獨秀文章選編》，三聯書店，1984年版，第259頁。

論以養人心，言政者權其時勢之宜以爭國利，兩不相礙，而兩不相失焉」。文化相對獨立於政治，是文化近代化的根本特徵，因為今日人類社會已進入「列國競爭，政黨為政，法律為師」[76]的時代，政治多變，主張紛然，唯有採行政教分離，保持文化的相對獨立形態，避免政治的過分介入，方能使傳統文化得到健康的繼承和發展，也才能使其與物質文明一起，承擔為政治開闢道路的重任。用這個觀點分析，中國古代為一統國家，孔教與政權合一，以政治倫理的形式規範著人們的思想意識，因此近代化的內在要求呼喚著「今吾國亦宜行政教分離之時矣」。[77]陳獨秀不認為孔教能承此重任。他舉出兩條理由：首先，孔教非「出世養魂之宗教而謂為人倫日用之世法」，「世法道德必隨社會之變遷為興廢，反不若出世遠人之宗教，不隨人事變遷之較垂久遠」。[78]因此，作為「人倫日用之世法」的孔教不能適應近代之用。其次，他聯繫當時張勳復辟的政治現實，指出「主張尊孔，勢必立君；主張立君，勢必復辟」。[79]尊孔與復辟之間有必然的聯繫。根據這兩條理由，陳獨秀得出結論：「欲以不適今世之孔道，支配今世之社會國家，將為文明進化之大阻力也。」[80]

康有為與陳獨秀之間在文化學理論和中國近代文化形式方面的分歧已全面展開。以此為前提，他們分別論述了中國近代文化應具有的實質性內容。康有為推出經他解釋的孔教作為這一內容的表徵，主要

76　《康有為政論集》，中華書局，1981年版，第729頁。
77　《康有為政論集》，中華書局，1981年版，第798頁。
78　《陳獨秀文章選編》，三聯書店，1984年版，第153頁。
79　《陳獨秀文章選編》，三聯書店，1984年版，第232頁。
80　《陳獨秀文章選編》，三聯書店，1984年版，第233頁。

包括三個內容。第一，人道主義：「孔子者，以人道為教。」[81]因為「太古草昧尚鬼，則神教為尊，近世文明重人，則人道為重，故人道之教，實從神道而更進焉」。[82]孔教中，天然含有人道成分，將其發揚光大，是為近代化孔教的一部分。在具體論述上，康有為主張，孔教應擺脫政治倫理的束縛，還原為純倫常形態，包括「養性事天，學道愛人，忠信篤敬……禮義廉恥」等內容。這是從倫理學的角度去規定孔教。第二，平等的政治原則：「今孔子有平世大同之道，以治共和之世」[83]，「天下為公，選賢與能」，經康有為這樣改造了的孔教，包含著否定君主專制，借鑑西方近代民主制度，結合中國國情，改革現行政治制度的內容。這是從政治學的角度去規定孔教。第三，超越的民族精神和獨特的價值系統。康有為認為「中國之魂」或民族精神源自「天人合一」的人生境界和宇宙圖像：「孔子之道，以人為天所生，故尊天以明萬物皆一體之仁，又以人為父母所生，故敬祖以祠墓著傳體之孝，若基督只明尊天而敬祖闕焉。」[84]尊天與敬祖並重，表明中華民族對自然界一種深沉的認同感。這種「天人合一」的境界，長期以來從消極方面也養成了國人對自然奧秘的漠視態度。康有為試圖借助西方近代觀念將「天人合一」的認同感引導向人對自然的認知和探索。[85]為此，他採用莊子對孔學的解說，努力把孔教塗上一層神秘的色彩，並向自然界擴大其外延：「善乎莊生尊孔子為神明聖王也，曰『配天地，本神明，育萬物，六通四辟，本末精粗，其運無乎

81　《康有為政論集》，中華書局，1981年版，第727頁。
82　《康有為政論集》，中華書局，1981年版，第739頁。
83　《康有為政論集》，中華書局，1981年版，第728頁。
84　《康有為政論集》，中華書局，1981年版，第740頁。
85　參見第一章。

不在』。」[86]經過康有為解釋的民族精神，已經超越了世俗人事，而成為統一人世與自然之上的人們在精神上對整個世界的佔有。康有為進一步指出，這種民族精神，千百年來已「化於民俗，入于人心」，構成人們「奉以行止，死生以之」的獨特價值系統。民族精神的毀棄，無異於「人種」的絕滅。[87]這是從人生哲學方面對孔教的規定。上述三方面構成了康有為孔教觀的主要內容。

由於強調文化的時代性與人類文化的同一性，陳獨秀將「人權」與「科學」看作西方同時也是中國近代文化的核心內容。僅就人權說的主張而論，康、陳之間並無大矛盾，陳獨秀不過顯得比康有為更激進一些。他認為個人應「自居征服（To Conquer）地位」[88]，尋求「個人之完全發展」，雖然「生平行事，決非絕對利己」，但理論主張應取「個人主人」而不主「博愛利他」。[89]康有為則不贊同個人擁有絕對的權利。他認為個人權利應受到兩個方面的制約，一是個人內在修養，一是社會道德規範與法律制度。至於「科學」，康有為未將其提升為文化範疇和意識形態要素，而視為社會物質進步要素之一。這一點二人分歧尤大。在陳獨秀那裡，「科學」主要不是指自然科學及其物化（各種技術），而是指實證主義的哲學觀念，即用自然科學方法解決一切社會人生問題。他認為「人類將來之進化，應隨今日方始萌芽之科學，日漸發達，改正一切人為法則，使與自然法則有同等之效力，然後宇宙人生，真正契合。……故餘主張以科學代宗教，開拓吾

86　《康有為政論集》，中華書局，1981年版，第737頁。
87　《康有為政論集》，中華書局，1981年版，第733頁。
88　《陳獨秀文章選編》，三聯書店，1984年版，第102頁。
89　《陳獨秀文章選編》，三聯書店，1984年版，第119頁。

人真實之信仰」。[90]近代意識形態，應將人們對宗教的信仰轉移到對自然科學（指19世紀實證科學）法則的信仰上來。自然科學法則不單單是信仰物件，陳獨秀同時又把它視作價值標準：「舉凡一事之興，一物之細，罔不訴之科學法則，以定其得失從違。」[91]

　　為了進一步論證孔教能夠充任中國近代文化的形式主體，康有為從形式上力圖將孔教宗教化：「孔子為中國改制之教主，為創教之神明聖王」[92]，「欲治人心，定風俗，必宜遍立孔教會……自鄉達縣，上之于國，各設講師，男女同祀，而以複日聽講焉，講師皆由公舉。……國設教務院總長，由大宗師公推焉」。[93]他認為非如此不足以弘揚傳統文化，其理由除上文提到的法國革命與日本維新皆保存「國教」的經驗之外，康有為的宗教觀念主要來源於布賴斯的啟發。布賴斯在《平民政治》一書中指出：「開化之國民而無宗教者，未之有也。……至今之開明社會皆本于宗教而成立。自由政治尤善行於宗教的人民之中雲。」[94]「美人皆信奉基督教，實其國民的繁榮之一大原因也。其國民特別沐神之恩寵。」[95]據此康有為提出：「凡國必有所謂國教也。」[96]「夫今歐、美人之立國，豈僅賴此辯護士所守之法律哉。……蓋所以大畏民志者，在其宗教。」這種立國教「特尊以明國所崇敬」的做法與「寬大以聽民之自由」的信教自由的主張「並行

90　《陳獨秀文章選編》，三聯書店，1984年版，第166頁。
91　《陳獨秀文章選編》，三聯書店，1984年版，第78頁。
92　《康有為政論集》，中華書局，1981年版，第799頁。
93　《康有為政論集》，中華書局，1981年版，第729頁。
94　《平民政治》，上海民友社，1912年版，第1780—1782頁。引文由筆者重新標點。
95　《平民政治》，上海民友社，1912年版，第1758頁。引文由筆者重新標點。
96　《康有為政論集》，中華書局，1981年版，第842頁。

而不悖焉」[97]，是不相矛盾的。康有為從「晚清之季，而大道喪矣」[98]中悟出一個道理：「夫人能弘道，非道弘人，無人任之，不殖將落。」[99]傳統文化，如果沒有人去自覺地繼承與發展，沒有使其得以生存的外在傳承形式，便極有可能自生自滅。歐美的宗教，正是民族文化較好的外在傳承形式。

陳獨秀抓住康有為宗教觀的不合理因素大張撻伐。他指出：近代以來世界宗教已由盛而衰，「歐美宗教，由『加特力教』（Catholicism），一變而為『耶穌新教』（Protestantism），再變而為『唯一神教』（Unitarianism），教律宗風，以次替廢」。[100]原因在於宗教是反科學的迷信（「其迷信神權，蔽塞人智，是所短也」[101]）。因此，「西洋教宗，且已由隆而之殺。吾華宗教，本不隆重，況孔教絕無宗教之實質與儀式，是教化之教，非宗教之教」。[102]倡言孔教，既不符合世界歷史發展趨勢，又不符合國情，有什麼理由值得提倡呢？退一步講，如果「使孔教會僅以私人團體，立教於社會，國家固應予以與各教同等之自由。使僅以『孔學會』號召于國中，尤吾人所贊許。今乃專橫跋扈，竟欲以四萬萬人各教信徒共有之國家，獨尊祀孔氏」[103]，便不能令人容忍了。總之，陳獨秀此時認為宗教不合近代之需，取基本否定的態度。他的這種看法，主要來自進化論與孔德實證主義的影響：「自英之達爾文，持生物進化之說，謂人類非由神造，其後遞相推

97　《康有為政論集》，中華書局，1981年版，第725—726頁。
98　《康有為政論集》，中華書局，1981年版，第737頁。
99　《康有為政論集》，中華書局，1981年版，第733頁。
100　《陳獨秀文章選編》，三聯書店，1984年版，第138頁。
101　《陳獨秀文章選編》，三聯書店，1984年版，第80頁。
102　《陳獨秀文章選編》，三聯書店，1984年版，第138頁。
103　《陳獨秀文章選編》，三聯書店，1984年版，第145頁。

演，生存競爭優勝劣敗之格言，昭垂於人類，人類爭籲智靈，以人勝天……神聖不易之宗風，任命聽天之惰性，吐棄無遺。」[104]陳獨秀還多次介紹孔德關於人類進化三階段的學說，即人類進化應經歷神學階段、形而上學階段和科學實證階段。他認為：「歐美的文化，自十八世紀起，漸漸地從第二時代進步到第三時代，一切政治、道德、教育、文學，無一不含著科學實證的精神。」[105]處於第一階段的宗教現象，當然屬於落後無疑。不過有趣的是，在這場與康有為之間發生的爭論之後的三四年，第一次世界大戰的結束和西方文化危機的顯現，促使他重新認識宗教在社會生活中的地位與作用。思考西方科學與物質發展相伴而來的一場人類浩劫，他發現，「耶穌崇高的、偉大的人格和熱烈的、深厚的情感」，會把我們從「冷酷、黑暗、污濁坑中救起」。[106]所以「宗教在舊文化中占很大的一部分，在新文化中也自然不能沒有他。……現在主張新文化運動的人……反對宗教，不知道要把人類生活弄成一種什麼機械的狀況……這是一樁大錯，我就是首先認錯的一個人」。[107]陳獨秀的轉變很有令我們回味之處。

通過上面的論述不難看出，康有為、陳獨秀二人爭論的焦點為思想文化（包括精神生活）的近代化如何實現。

康有為堅持認為，思想文化變革遠比物質和政治方面的近代化來得複雜。首先，文化具有承續性與漸進性，「革命」不得：「革一朝

104　《陳獨秀文章選編》，三聯書店，1984年版，第80頁。
105　《陳獨秀文章選編》，三聯書店，1984年版，第220頁。
106　《陳獨秀文章選編》，三聯書店，1984年版，第484頁。
107　《陳獨秀文章選編》，三聯書店，1984年版，第513—514頁。

之命可也，奈之何舉中國數千年之命，而亦革之乎？」[108]傳統文化中的許多內容，用近代精神重新解釋，完全可以轉化為生機勃勃的新文化成分，如「大同」學說，「天人合一」的境界等等。民族文化的演進，應在儘量保持民族形式前提下，通過不斷的文化解構與重鑄，即每一代人根據自己時代的精神給予傳統文化以新的理解和解釋來實現。簡單否定傳統的做法，只會造成民族真精神的失落。如果仿效物質文明與政治變革的樣子，搬用西方模式來改造思想文化，很有可能讓傳統中的糟粕穿上西方文明華麗的外衣而借屍還魂。其次，文化具有民族性。這表現為：一方面，傳統文化中既有時代性的內容，如與專制政體相結合的綱常；又有超時代性的內容，如講究身心修養、追求和諧等等。後一部分內容，是為中華民族千百年來優秀的文化積澱。世界各民族無不由於自己獨特的積澱而得以自立於人類之林。因此，民族精神的繼承與發展，是民族文化近代化任務完成的標誌之一。另一方面，民族精神生活長期以來又形成了獨特的價值系統，它具有相對固定的信條與信仰化即非理性化的傾向，任何外來文化在這種深層次的精神生活領域都無能為力，只有激發文化傳統的內在活力，方能使其更新。最後，西方成功的經驗說明，民族文化的近代化依賴於強有力的外在傳承形式。中國文化在中世紀的傳承是依靠與集權專制政治的結合實現的，這一形式顯然不適合近代社會政治多元化的需要。近代文化相對獨立於政治，既適應社會政治多元化的特點，又帶來了文化自身的巨大進步。不過，它的獨立自由政治趨勢也會造成文化生存的新困境：擺脫政治的支持後，它的生存與發展憑藉誰

108　《康有為政論集》，中華書局，1981年版，第798頁。

何？康有為指出，西方文化近代化成功的秘密在於：讓宗教形式來承此重任。於是，在宣明「政教分離」的前提下，他天真而又固執地構思出將傳統「孔教」化的一套設想。上述三個方面，分析了文化近代化的複雜性與特殊性，同時也規劃出中國傳統文化走向近代的途徑：在形態上，文化脫離政治，以宗教形式確立自己的社會地位；在內容上，保存民族文化有價值的及超時代性的成分，用近代精神加以重新解釋和建構；在方法上，漸進方式完成重鑄文化傳統的歷史任務。

陳獨秀的思考顯然簡單得多。他認為，文化近代化可以通過一場運動和激烈變革的形式完成，前提是堅決否定傳統文化，因為「固有之倫理，法律，學術，禮俗，無一非封建制度之遺」。[109]這種大掃蕩猶如清理乾淨一塊地基，在此地基上，就好蓋又高又美的大廈了。陳獨秀幾次概括談及近代文化的內容，或曰「人權」與「科學」；[110]或曰「人權論」、「生物進化論」與「社會主義」；[111]或曰「法律上之平等人權，倫理上之獨立人格，學術上之破除迷信」。[112]凡此種種，皆以西方文化近代化過程所形成的普遍準則為標準，未曾揭示中國傳統文化在近代化過程的地位與作用，可見他不認為文化的民族性與承續性有何特殊的意義。至於民主（人權）與科學，陳獨秀不僅視作歐美同時也是包括中國在內的世界各國近代文化的核心內容。其中民主主要導向西方近代政治制度的建設，科學則更多地扮演意識形態的角色。陳獨秀設想，在這種文化結構中，科學（主要指19世紀實證主義

109　《陳獨秀文章選編》，三聯書店，1984年版，第75頁。
110　《陳獨秀文章選編》，三聯書店，1984年版，第78頁。
111　《陳獨秀文章選編》，三聯書店，1984年版，第79頁。
112　《陳獨秀文章選編》，三聯書店，1984年版，第160頁。

哲學）將代替昔日宗教的一切職能，也將領受昔日宗教的全部榮光。表現於前者，它不但解決自然界和人類社會的問題，而且可以解決人們精神生活的問題；表現於後者，它從意識形態上統一人類思想，問心無愧地接受頂禮膜拜，而人們對以科學名義存在著的種種理論只能絕對服從。在無所不包的科學精神的祥雲籠罩之中，人類社會和人的內心世界都會變得如水一般澄明，如自然法則一般井然有序。這是一個何等美好的新世界！比照科學之光的璀璨，力求繼承傳統文化的「孔教」觀等等，顯得多麼卑微與瑣碎。總之，陳獨秀主張，中國文化的近代化主要是中國文化的西方化問題，即用西方近代民主和科學代替中國的傳統。因為民主和科學一經成為西方近代化的成功經驗，就同時成了人類共同的精神財富，也成為一個民族是否近代化的唯一標準。中國人移植西方近代文化的任務，可以通過一場文化革命來完成。

上述爭論告訴我們，固然陳獨秀將康有為視作復辟勢力的代表和新文化運動的對立面，其實康有為不曾主張退回到中世紀去。不妨說，康、陳二人的動機都是探索中國文化近代化的道路，二人理論主張的性質均屬近代型，皆為進步的文化觀念。由於不同文化觀的差異和各自不同的歷史文化背景，他們的文化近代化主張又呈現出尖銳對立的特點。就實質而言，這種對立並非政治屬性方面進步與落後的對立，而是進步文化運動內部不同文化派別的分歧。分歧的西方思想背景，是為近代英、法兩大思想傳統。康有為文化觀主要受新教人道主義與英國政治學的影響，表現為重視近代化與人的精神生活的和諧，主張歷史進步的漸進方式，注重進步的實際效益，關心文化傳承的本

質內容與民族形式等等。陳獨秀文化觀則受到了法國政治上的激進主義與實證主義的影響，表現為重視突變與形式進步，追求人類的終極真理與它的具體化形式，力求使「科學」旗幟插遍一切領域。在文化學方面，前者強調文化的民族性與傳承，後者強調文化的時代性與移植。這兩大思潮形成西方近代思想文化發展的主旋律，又恰好在新文化運動時期康有為與陳獨秀身上鮮明地表現出來，從而使它們與同時期「百家爭鳴」的其他流派一道，共同描繪出中國新文化運動「百花齊放」的景象。

需要進一步分析的是，康有為的「孔教」觀在當時和後世，為什麼被人們認作復辟理論？至少有兩個原因不應忽視。第一，理論主觀期望與政治客觀行程的不諧和。康有為總結辛亥革命失敗的教訓，認為既有思想文化準備不足的弱點，又有政治變革的失措。為挽救政局的混亂與社會的頹勢，他在政治上重提君主立憲。然而，此時「民主共和」形式上已為人們普遍接受，康有為的主張不再領時代風騷，難以喚起「戊戌時期」的積極反響。他不得不將目光投向以復辟為己任的張勳，企圖借助張的實力實踐自己的主張。這種急功近利的行為在政治鬥爭中不啻冒險的賭博。政治上的幼稚導致了被張勳利用的結局。他意識到這一點時已追悔莫及，終於在這場賭博中全盤皆輸，以張勳同夥的罪名被釘在歷史的恥辱柱上。與此同時，他在思想文化方面的「孔教」主張，也被時代一起埋入墳墓。第二，整個民族，特別是先進分子急功近利的心態。稍晚於康、陳，先進分子普遍認識到，從思想文化上考慮中國的近代化問題是十分迫切的任務，於是有新文化運動的發生。但是，伴隨這種歷史意識進步的，是民族危機空前嚴

重，人們又期望能有徹底、快捷的辦法解決思想文化問題，以帶動整個中國問題的解決。在此背景下，近代以來潛滋暗長的急功近利心態更加膨脹。陳獨秀的主張，既具備激進的形式，又帶有簡便的特點，無疑正應時需；而作為其對立面康有為的主張，則由於形式上的保守與理論內容上的複雜甚至迂闊，而遭到先進分子的貶斥。今天，當我們重新審視這場爭論的時候，完全有理由超脫當時具體政治環境與社會心態的侷限，比較客觀地加以評說。

3.4　復辟派還是先知？

晚年康有為，以敏銳的洞察力和一以貫之的啟蒙精神，執著地在中國人精神解放和社會進步的道路上繼續探索。他像一個先知，在得到社會承認的時候，是一個掀動社會大潮的弄潮兒，儘管人們對他思想的認知並不全面。比如在戊戌變法時期，改革派人士對他的支持更多地著眼於他的政治改革方案，而不是方案背後的思想基礎。其實他的思想是遠遠超越具體改革方案的。在得不到社會承認的時候，他被戴上了「復辟派」、「保皇派」、「保守派」等帽子。他不向時論屈服，用嘴和筆頑強地宣傳自己的主張，在思想領域裡獨行。後來的歷史至少已經部分證明，他堅持的不簡單拋棄傳統文化，通過對傳統的重新解釋以實現向近代的轉化以及一條穩健的社會改革道路，比起同時代的激進主義者，似乎更加符合中國國情。但是，就當時而言，他的思想認識明顯超過了波瀾回蕩的時代思潮，所以命中註定了他晚年只能成為一名孤獨的先知，帶著時人對他的不理解和誤解走完他的生命之旅。

對康有為晚年思想的評價，國內學術界幾乎眾口一詞，貶多於褒。倒是大陸以外的地區和國家的學者常常能夠另闢蹊徑，有所新見。其中如研究康有為思想的重鎮蕭公權先生，在《康有為思想研究》[113]中率先給予比較公允的評價，茲不贅述。其後，大陸以外的地區和國家的學者多有建樹。在此姑舉幾例，以見一斑。

臺灣地區徐高阮先生在《戊戌後的康有為—思想的研究大綱》中寫道：「但是有為還有他生前和身後大不受人理會的方面。他在戊戌後的長期海外生活裡還為中國的再造作了新的建設性的思想，嘗試擬定了他在維新運動中還不能設想的成系統的計畫。他這些計畫是為他心目中的一個立憲或虛君制的帝國預備的，然而他在辛亥革命後也曾鄭重對國人陳說他宿備的種種意見，只在局部上略加變動，作為革故新建的民國的必要方法。他雖然在看到民國的破裂時枉作了一個失敗的復辟的主謀一分子，但在這悲劇性的一幕之後他還熱心再提出他的建設性的救國理論，那在他看來是民國必須採取的。有為的這一切思考和計畫，他的一切說明這些思考和計畫的努力，在當時和以後十年來都簡直得不到一般人的理會。」[114]徐先生在此談到了康有為晚年關於中國經濟建設思想的價值。這方面的研究大陸幾乎是空白，許多有價值的思想至今湮沒無聞。筆者本應在評傳中專闢一節，加以評介，但限於學識和時間的侷促，目前只能暫付闕如。

汪榮祖先生在《康章合論》[115]中認為：「何以民國以後新興的學

113　《康章合論》，臺北：聯經出版事業公司，1988年版。
114　載《學術研究》1988年第1期。
115　《康章合論》，臺北：聯經出版事業公司，1988年版。

術界竟視康、章為傳統派人物呢？何以新一代的思想界竟視康、章為頑固保守派呢？也有緣故。民國以後，康、章確實由批判傳統傾向維護傳統。但此種轉變，不能用『早年激烈、晚年保守』的公式來理解。他們早年批判傳統，原無意要消滅傳統；從傳統中解放出來之後，仍須在傳統的基礎上創新；如果傳統被消滅了，則創新的基礎也沒有了。然而民國以後新文化運動所激發的『全盤西化』風、激烈反傳統主義，使整個傳統遭遇到覆滅的危機，康、章乃不得已而維護傳統。此所以康、章為新思想鋪路於先，複又挺身為『攔路虎』於後的緣故。他倆成為五四新文化運動的反對者，就不足為異了。其實，康、章何嘗反對新文化？」[116]汪先生接續其師蕭公權先生的研究工作，在康有為研究中提出了康氏後期思想評價這一敏感而又十分重要的課題。

日本學者竹內弘行先生在《康有為與孔子教》[117]一文中分析了康有為主張孔教的背景和孔教的內容，指出康氏的孔教說一方面適應了反對帝國主義文化侵略的需要；另一方面也反映了當時世界上宗教與科學兩分的文化新格局。竹內先生對康有為孔教觀的分析，超出了國內一律視康有為孔教思想為保守、落後的成見，開始從20世紀末年人類文化演變的視野觀察問題，從而使得新文化運動與孔教的關係成為一個可以重新評價和認識的新課題。

上述幾例，分別從經濟、文化角度涉及康有為晚年思想的評價，代表了近年大陸以外的地區和國家康有為研究的新動向。這一新動向

116　《康章合論》，第117頁。
117　《高野山大學論叢》，1982年。

的出現，既有文化背景，又同陸續發現康有為大量手稿的物質條件相吻合，是非常值得大陸學術界重視的。

　　康有為晚年因時代的冷落而鬱鬱寡歡，然而他思想探險的行程從未中止。他不斷地超越時代，也不斷地超越自己，堅持在比較文化中重建中國文化成為他矢志不移的追求。作為中國式的先知，他經歷著兩種苦難：一是明知不可為而為之，二是背負著時人的不理解和誤解。但是，學說可以被冷落一時，思想的光輝終究會大放光明。今天，當重建中國文化的課題又一次擺在人們面前的時候，那個在中國近代史上曾孤獨徘徊的先知便不能不受到格外的尊敬。

▌附錄一　主要參考論著目錄

1. 蕭公權：《康有為思想研究》，臺灣聯經出版事業公司，1988年版。

2. 汪榮祖：《康章合論》，臺灣聯經出版事業公司，1988年版。

3. 房德鄰：《儒學的危機與嬗變——康有為與近代儒學》，臺灣文津出版社，1992年版。

4. 馬洪林：《康有為大傳》，遼寧人民出版社，1988年版。

5. 孫春在：《清末的公羊思想》，臺灣商務印書館，1985年版。

6. 蔣貴麟主編：《康南海先生遺著彙刊》，臺灣宏業書局，1976年版。

7. 康同璧編：《萬木草堂遺稿》，臺灣成文書局，1978年版。

8. 蔣貴麟編：《萬木草堂遺稿外編》，臺灣成文書局，1978年版。

9. 蔣貴麟編：《萬木草堂遺稿外編續》，臺灣成文書局，1983年版。

10. 蔣貴麟編：《康南海先生未刊遺稿》，臺灣文史哲出版社，1979年版。

11. 蔣貴麟編：《康有為編注康氏先世遺詩朱師九江佚文合集》，臺灣成文出版社，1983年版。

12. 樓宇烈整理：《康有為學術著作選（七種）》，中華書局，1984年至1992年版。

13. 姜義華等編：《康有為全集（共三卷）》，上海古籍出版社，1987年至1992年版。

14. 鍾叔河主編：《康有為歐洲十一國遊記二種》，嶽麓書社，1985年版。

15.《大同書》，上海古籍出版社，1956年版。

16.康有為：《大同書》手稿，江蘇古籍出版社，1985年版。

17.湯志鈞編：《康有為政論集》，中華書局，1981年版。

18.蘇輿輯：《翼教叢編》，光緒二十四年（1898年）武昌重刻本。江南製造局譯書匯刻（線裝），清華大學圖書館藏。

19.花之安：《自西徂東（線裝）》，香港，1879年版。

20.廣東省中山圖書館編：《館藏康有為梁啟超資料目錄》，1983年印。

21.康有為遺稿《戊戌變法前後》，上海人民出版社，1986年版。

22.《萬國公報》，臺灣華文書局，1968年影印版。

23.《康有為在西安》，陝西人民出版社，1990年版。

24.《康有為傳記資料》，臺灣天一出版社出版。

Research guide for China's response to the west：

a documentory survey，1839 —1923

Teng siu-yu and Fairbank, John K

Cambridge, Mass：Harvard University Press, 1959

K'ang Yu-Wei（1858—1927）：His Interlecturd Back ground and Early Thought

Howard, Richard C

Asther Wsightand Denis Tnitchett（eds），in Confucian Personalities

Stanford, 1962

K'ang Yu-wei, A Biography and a Symposium

Lo Jun-pang

Tucson, 1967

Practical evangelism：Protestant Missions and the Ｉntroduction of Western Civilization into China, 1820—1850

Barnett, Suzanne Wilson

Havard University PhD thesis, 1973

Research guide to the Wan-Kuo Kung-pao（The globle magazine）, 1874—1883

Bennett, Adrian A

San Francisco：Chinese Materials Center, 1976

25.阪出祥伸：《康有為—ユートピアの開花》，集英社，昭和六十四年。

26.竹內弘行：《後期康有為論—亡命、辛亥、復辟、五四》，同朋舍，1987年版。

27.原田正己：《康有為の思想運動と民眾》，刀水書房，1983年版。

28.《戒纏足會啟（線裝）》，載《戒纏足文》，1897年心簡齋刻本

29.張伯楨編：《南海康先生商定清儒學案凡例》，載《正風》第1卷，1935年。

30.張伯楨編：《朱九江先生學案》，載《正風》第1至4卷，1935至1937年。

31.張伯楨編：《南海康先生學案》，載《正風》第2卷，1936年。

32.趙豐田編：《康長素先生年譜稿》，載《史學年報》第2卷第1期，1937年。

33.羅榮邦編：《南海康先生著作總目》，載《中華文史論叢》，1983年第2輯。

34.後藤延子：《康有為と孔教》，載《日本中國學會報》第25集，1973年。

35.《康有為〈康子內外篇〉の思想史的意義》，載《東北學院大學論集》第八十九、九十號，昭和六十二、六十三年。

36.別府淳夫：《康有為學と荀子》，載築波大學《哲學.思想論集》第9號，昭和五十八年。

37.野村浩一：《清末公羊學派の形成と康有為學の歷史的意義》，載《國家學會雜誌》第71、72卷，1957至1958年。

38.佐藤震二：《康有為思想の形成》，載《日本中國學會報》第20集，1968年。

39.井上源吾：《康有為における大同思想の成立》，載長崎大學芸學部《人文科學研究報告》13號，昭和三十九年。

40.永井算巳：《光緒帝西太后の死去と在日康梁派》，載《中國近代政治史論叢》，汲古書院昭和五十八年。

41.永井算巳：《清末におる在日康梁派の政治動靜》，同上。

42.村田雄二郎：《孔教と淫祠》，載東大中國學會《中國—社會と文化》第7號，1992年。

43.村田雄二郎：《康有為〈日本變政考〉小考—制度局開設さめぐつて》，載北京日本學研究中心《日本學研究》（一），科學技術文獻出版社，1991年版。

44.近藤邦康：《康有為の大同思想》，載《中國近代思想史研究》，勁草書房，1981年版。

附錄二　康有為學術行年簡表

1858年（咸豐八年）

3月19日，生於廣東南海西樵山北之銀塘鄉（蘇村）。

1863年（同治二年）

從番禺簡鳳儀受學，讀《大學》、《中庸》、《論語》並朱注《孝經》。

1865年（同治四年）

祖康贊修授徒於廣州市學宮孝弟祠，學徒近百人，有為從往受學。

1868年（同治七年）

2月13日，父康達初卒。有為遂從祖贊修於連州官舍，學習文史典籍。閱讀邸報，漸知朝廷政事，自稱「知曾文正、駱文忠、左文襄之業，而慷慨有遠志矣」。

1869年（同治八年）

在連州官舍與諸生論文談事，博覽群書，時作詩文，然不喜八股制藝。

1870年（同治九年）

夏曆七月，隨祖贊修歸廣州。九月，從陳蓁生學八股文於廣州西門外第三甫桃源。

1871年（同治十年）

還銀塘鄉。讀書于叔祖康國器所築澹如樓及二萬卷藏書樓中。是年始就童子試，不售。

1872年（同治十一年）

在鄉從楊學華（仁山）學。再試童子試不售，「於是專督責為八股小題文」，也仿學時文。

1873年（同治十二年）

移學於靈洲山之象台鄉。中歲複歸銀塘鄉。由於厭棄八股文而受到諸叔伯詰責。

1874年（同治十三年）

居鄉，好為縱橫之文。始見《瀛環志略》、《地球圖》等圖書，初步瞭解國際形勢。

1875年（光緒元年）

居廣州，在祖父督責下專學八股。

1876年（光緒二年）

應鄉試不售，始從廣東著名學者朱次琦（子襄）學於九江禮山草堂。日讀宋儒書及經說、小學、史學、掌故詞章。朱次琦的「濟人經世」之學和「掃去漢宋之門戶，而歸宗於孔子」的主張，使有為深受影響，以為「聖賢為必可期」，「天下為必可為」。

1877年（光緒三年）

繼續從朱次琦受學。6月，祖贊修遇難死。有為「讀喪禮，因考《三禮》之學，造次皆守禮法古」，人以為迂。

1878年（光緒四年）

繼續從朱次琦學。攻《周禮》、《儀禮》、《爾雅》、《說文》、《水經》之學，並誦《楚辭》、《漢書》、《文選》及杜甫詩、徐陵、庾信文。「以日埋古紙堆中，汩其靈明，漸厭之，日有新思，思考據家著書滿家，究複何用？因棄之，而私心好求安身立命之所」，於是「閉戶謝友朋，靜坐養心」，「自以為聖人則欣然而笑，忽思蒼生困苦則悶然而哭」。感到舊學無法解決現實問題，思想非常苦悶。冬，辭朱次琦歸。

1879年（光緒五年）

入西樵山，居白雲洞，專學道教佛教經典。與翰林院編修張鼎華（延秋）交，從而「盡知京朝風氣，近時人才及各種新書」。「既念民生艱難，天與我聰明才力拯救之，乃哀物悼世，以經營天下為志。」秋，出山還鄉，居澹如樓。夏曆十一月，初遊香港，始知西人治國有法度，開始購讀西學之書。

1880年（光緒六年）

居鄉授諸弟讀經，著《何氏糾謬》，批判東漢今文經學家何休，「既而自悟其非，焚去」。

1881年（光緒七年）

讀書鄉園，精研唐宋史及宋儒之書，積勞患病。

1882年（光緒八年）

6月，赴京應順天鄉試不售，在京遊國子監、觀石鼓，購碑刻，講金石之學。歸途經上海，「益知西人治術之有本」。大購介紹西方的書籍，自是大講西學。

1883年（光緒九年）

家居，研究清代政治史、歐洲各國史和自然科學。創辦不纏足會。

1884年（光緒十年）

是年閉戶讀書。經過幾年探索，至是「悟大小齊同之理」，「日日以救世為心，刻刻以救世為事」，「合經史之奧言，探儒佛之微旨，參中西之新理，窮天人之頤變」，開始形成啟蒙思想體系。

1885年（光緒十一年）

學習數學。上半年患頭痛。以幾何著《人類公理》。

1886年（光緒十二年）

春間居廣州，請張鼎華向兩廣總督張之洞建議開局譯西書。夏曆五月，複居鄉之澹如樓。為天文曆法之學。著《康子內外篇》。

1887年（光緒十三年）

遊香港。繼續編著《人類公理》和《康子內外篇》，兼涉西學，從事中國上古史研究。

1888年（光緒十四年）

6月，赴京應順天鄉試不售。十二月，上書清帝請求變法，不達。徙居北京宣武門外南海會館之汗漫舫中，為金石碑刻之學。

1889年（光緒十五年）

在京編著《廣藝舟雙楫》，研究金石碑版。冬，還粵。

1890年（光緒十六年）

與今文學家廖平在廣州會晤，頗受啟發。陳千秋、梁啟超先後從學。10月，教冬課於廣府學宮孝弟祠。是年專意著述，成《婆羅門教考》、《王制義證》、《毛詩偽證》、《周禮偽證》、《說文偽證》、《爾雅偽證》等。

1891年（光緒十七年）

始開講堂於長興裡，訂立學規。有《長興學記》。在陳千秋、梁啟超協助下，刻成《新學偽經考》。

1892年（光緒十八年）

移講堂於粵城衛邊街鄺氏祠，學生漸眾。用孔子生二千四百四十三紀年。撰《孟子大義考》等著作。並選同學助編纂《孔子改制考》。

1893年（光緒十九年）

冬遷草堂於府學宮仰高祠。應鄉試，中第八名。撰《論語為公羊學考》等。

1894年（光緒二十年）

3月與梁啟超入京會試。8月，禦史安維峻劾康有為「非聖無法，同少正卯，聖世不容，請焚《新學偽經考》而禁粵士從學」。《新學偽經考》被毀版。12月，往遊廣西，有《桂學答問》。

1895年（光緒二十一年）

3月，偕梁啟超、梁小山入京會試。5月，康聯合各省舉子一千三百餘人聯名上書，請求拒和、遷都、練兵、變法，即《公車上書》。5月，中進士，被引見，授工部主事。上清帝第三書，謂自強雪恥之策有四：即富國、養民、教士、練兵，光緒帝看後表示讚許。

1896年（光緒二十二年）

講學於廣府學宮萬木草堂，續著《孔子改制考》、《春秋學》、《春秋董氏學》、《日本變政記》。

1897年（光緒二十三年）

到桂林，與唐景崧、岑春煊議開聖學會。編《春秋考義》、《春秋考文》，撰《日本書目志》成。

1898年（光緒二十四年）

1月，上清帝第五書，續上清帝第六書。6月，光緒帝下「定國是」詔。決定變法，百日維新開始。8月，有為逃離京城。

1899年（光緒二十五年）

在加拿大溫哥華組織保皇會。

1900年（光緒二十六年）

7月，授意唐才常在上海發起「國會」，設自立會，組自立軍，企圖用武力恢復光緒帝政權。

1901年（光緒二十七年）

撰《春秋筆削大義微言考》、《中庸注》、《孟子微》。

1902年（光緒二十八年）

住印度。撰《大同書》、《論語注》、《大學注》、《官制議》。

1904年（光緒三十年）

乘船，渡印度洋入地中海。半年中，遊義大利、瑞士、奧地利、匈牙利、德國、法國、丹麥、挪威、瑞典、比利時、荷蘭、英國等國。作《歐洲十一國遊記序》。

1905年（光緒三十一年）

自加拿大南遊美國。撰《物質救國論》。

1911年（宣統三年）

移居日本須磨。作《共和救國論》、《共和政體論》等。

1912年（民國元年）

撰《中華救國論》、《孔教會序》。

1913年（民國二年）

創刊《不忍雜誌》。

1917年（民國六年）

參與張勳復辟。作《春秋筆削大義微言考》，編成《不幸而言中，不聽則國亡》，刊佈《共和平議》。

1923年（民國十二年）

在陝西演講多次。

1927年（民國十六年）

3月，病逝於青島。

■ 附錄三　關於康有為佚文《戒纏足會啟》及其評價

　　據《康南海先生自編年譜》（以下簡稱《年譜》），1883年康有為曾與鄰鄉區諤良共創「不裹足會」於南海，並撰「不裹足會草例」及「序文」。他聲言，此乃「中國不纏足會之始」。以後學術界論及這個問題時，多引據《年譜》中的敘述而深信不疑，至於「不裹足會草例」及「序文」等原始資料則長期沒有被發現和利用。晚近所編《康有為全集》（上海古籍出版社版）、《康南海先生遺著彙刊》（臺北宏業書局版）、《萬木草堂遺稿》（臺北成文書局版）、《萬木草堂遺稿外編》（臺北成文書局版）均未收錄此類文字。

　　筆者日前赴粵，偶然訪得薄薄一冊《戒纏足文》，內收《戒纏足會啟》和《戒纏足會敘》兩文，分別為康有為與梁啟超所撰。該書豎排32開本，線裝。封面正中黑體大書《戒纏足文》四字，右上為「光緒丁酉年刻」（1897年）字樣，左下署「粵東學院前心簡齋承辦」。經與其他資料比較研究，其中《戒纏足會啟》一文確是研究康有為與中國不纏足運動的重要史料，而尚未被前人所發覺。海內外近來出現的幾種以完備著稱的康有為文集中，均未見收錄此文。現將此文略加標點、分段、注釋，全文發表於下，同時加以初步的評價。

戒纏足會啟

南海康工部舊稿

　　纏足之風，俞正燮[1]謂始于趙之姄利屐，[2]殆不然也。唐人尚無是俗。

1　俞正燮，字理初（1775—1840），清安徽黟縣人，道光舉人。其人學問淵博，著《癸巳類稿》十五卷，《存稿》十五卷。
2　屐同屣，泛指鞋。利，尖。姄，足尖輕著地而行。《史記‧貨殖列傳》：「女子則鼓鳴瑟，跕屣，游媚貴富。」《集解》引臣瓚：「躡跟為跕也。」此謂舞步。

李白詩所謂「一雙金齒屐，兩足白如霜，不著鴉頭襪」，韓致光[3]詩所謂「六寸膚圓光致致」，[4]不纏足之證也。作俑者，其南唐之宮嬪窅娘[5]乎？宋時唯程子之家不纏足，則是其風亦行。降宋迄明，僻奧之壤皆遍，遂至於今。

夫天之生人，指趺完美。其長以咫屈而纖之，拳曲臃腫，是古之刖刑也。女子何罪而加刖之？且刖者不出於他人而出於父母，專傷生人之肌，壞骨肉之恩，損天性之親，天下之悖理傷道莫此為甚。每見寡兒弱女，年未齔齠，骨未堅強，輒以三尺之布、尋丈之帶橫加裹束，若縛盜賊，號哭之聲騰溢戶外，見者未有不憐其無辜而以為當然也。及其縛束已成，弓鞋盈寸，其富貴之家，婢扶媼擁尚有扶壁愁眉者焉；若貧賤者，十之八九親井白[6]躬烹炊，上事舅姑下撫子女，趺來報往應接靡息，吞聲飲泣竭力強承，然猶姑責其慢、夫惡其穢焉。其苦至矣。若猝然遭非常之變、踐不測之故，委頓躄躠、一步不行，以至毀筋絕骨、失身喪命者不可勝數。其他尚不忍言也。豈不痛哉！

世之為此者，其傷理勿論，以為得夫之歡乎，則又不儘然也。故世祖深惡惡俗，思欲變之，順治十七年，命禁裹足。有犯此者，罪其父與夫，杖八十、流三千里、徒三年，法至嚴也。然則何樂傷天理、違國禁而為之？推其由來，蓋風俗之敝，以為妻妾之辨在此也；亦有志士思矯之，又以婚姻之難在此也。是以流俗而靡變也。

3　韓偓，字致堯，一作致光，唐京兆萬年人。其詩以律絕為主，多寫豔情，詞藻綺麗，有香奩體之稱。

4　原文為「六寸圓膚光致致」。據《全唐詩》卷六百八十三，中華書局1960年版第7831頁改。

5　窅（一ㄠˇ）娘，五代南唐李後主宮嬪，纖麗善舞。後主作六寸金蓮，命窅娘以帛纏足，舞蓮花中。見清錢載《十國詞箋略》。

6　白，疑為臼。

近世士大夫鄧鴻臚鐵香、[7]李方伯山農、[8]區部郎海峰，[9]其女子咸不裹足。誠願與有志之士順天理、奉王制，全生人之體、完父子之恩，使千年之惡俗一旦滌蕩，豈不善歟。若謂出千萬女子於殘傷中而補完之推[10]從善降祥之說，其功德之無量抑不待言也。凡我同人，書姓名、籍貫、裡居、科第、官爵、三代、子女年歲于左，以備婚姻之採擇焉。

《戒纏足會啟》的寫作年代

《戒纏足會啟》刊於1897年（丁酉年），標明「舊稿」，可見不是當時所撰。《年譜》1883年記述康有為與區諤良成立「不裹足會」事後有「為作序文」一語。《戒纏足會啟》會不會就是這篇「序」呢？我認為，答案是肯定的。這可以從三個方面分析：第一，《年譜》中「不纏足會」成立因由、發起人及「不纏足會草例」與《戒纏足會啟》的相應內容比較接近。如發起人，《年譜》：「時鄰鄉區員外諤良……其家亦不裹足，吾乃與商，創不裹足會草例……為作序文。」《戒纏足會啟》：「近世士大夫鄧鴻臚鐵香、李方伯山農、區部郎海峰，其女子咸不裹足，誠願與有志之士順天理、奉王制，全生人之體、完父子之恩，使千年之惡俗一旦滌蕩，豈不善歟。」前文區諤良便是後文區海峰。鄧鐵香其時在任京城，當不會參與南海縣的發起工作。想鄧、李二人不過贊同「戒纏足」主張而被康、區掛名以壯聲勢。《年譜》後撰，自然無此必要，敘述也就比較客觀了。再如

7　鄧鐵香，名承修，廣東歸善人。咸豐十一年舉人，曾任禦史，以直言敢諫著稱。1884年補鴻臚寺卿。
8　李文田，字仲約，號勺農（山農），廣東順德人。咸豐九年探花。1890年補禮部右侍郎。
9　區諤良，字海峰，廣東南海縣區村人。同治進士，授工部主事。光緒二年起，任出使美、西、秘國大臣隨員，後任清駐美哈佛幼童出洋總局總辦，差滿累升至郎中。
10　完之推，疑為顏之推。

「草例」,《年譜》:「凡入會者,皆注姓名、籍貫、家世、年歲、妻妾子女,已婚未婚。」《戒纏足會啟》:「凡我同人,書姓名、籍貫、裡居、科第、官爵、三代、子女年歲于左,以備婚姻之採擇焉。」兩者大體一致。第二,1895年(乙未年)康有為與康廣仁再創「粵中不纏足會」。這時區諤良早因懼怕守舊勢力,藉口「會名犯禁」而退出「不裹足會」。提到區為發起人的《戒纏足會啟》必寫於1895年以前。第三,從《年譜》和其他康有為傳記、年譜分析,1895年前他參與的「不纏足」活動只有1883年一次。

從上述三個方面可以得出結論:康有為與區諤良1883年成立的「不纏足會」曾由康「作序文」一篇,內容既包括不纏足會的緣起,又包括「草例」。這篇文章就是我們今天看到的《戒纏足會啟》,當寫於1883年。

康有為是否「首創中國不纏足會」

自從康有為在《年譜》中明確表示,1883年他與區諤良成立的「不纏足會」,「實為中國不纏足會之始」,此種說法便一直沿襲下來,為海內外多數學者接受。[11]唯臺灣地區學者王爾敏先生《近代湖南女權思潮先驅》[12]一文正確地指出:廈門最早結會鼓吹婦女覺醒。然語焉不詳。

據筆者考證,「首創中國不纏足會」的確係廈門教會組織。1879年3月22日《萬國公報》刊有抱拙子《廈門戒纏足會》一文,披露了廈門戒纏足會的情況:「纏足之俗,貽害閨門……牧師見信徒積習未肯卒改,心焉慮之。於是乃共設一會,名曰『戒纏足會』,每年聚集兩次。凡有不願為

11　如趙豐田編《康長素先生年譜稿》(《史學年報》第二卷第一期,1934年9月)、《中國近代史辭典》(上海辭書出版社1982年版)「不纏足會」條、馬洪林著《康有為大傳》(遼寧人民出版社1988年版)等均採此說。
12　載《中國婦女史論文集》,臺北:商務印書館,1981年版。

兒女纏足者，則當于會中立一約紙，書其姓名於上，令其親押號為憑，然後將約紙各執一半。後若背約，則會眾共責之。然非以勉強制人，實由自己甘願也。自設此會，於今三年，入會立約者計八十餘家。」[13]該文還附有《戒纏足會》一篇。上述報導告訴我們，廈門「戒纏足會」成立於1877年，時間早於康有為在南海成立的「不纏足會」六年；會眾至少達八十餘家，已有相當的規模。

其實，1883年康有為在家鄉成立的「不纏足會」，正得益於廈門「戒纏足會」的啟發。我們在《年譜》中不難尋出端倪：1882年，康有為順天鄉試不售，道經上海，購買了大量「西書」，還訂了一份《萬國公報》。回到家鄉，他認真研讀，「始盡釋故見」而「大講西學」。在《萬國公報》上，他初次看到了若干篇討論「不纏足」問題的文章，這與他正在形成的近代人道主義思想不謀而合，特別是廈門「戒纏足會」的報導，啟發了他用結社方式推動不纏足運動的開展。康有為立即找到區諤良，經協商共同發起成立「不纏足會」。康為「不纏足會」擬定的「草例」明顯借鑑了廈門「戒纏足會」的有關規定，如入會者均需以立約形式保證不纏足，約書上寫明本人姓名等。另外，從取名上看，康有為稱之「戒纏足會」（有《戒纏足會啟》為證。以後《年譜》中改稱「不纏足會」）也與廈門「戒纏足會」毫無二致。

由此可見，「首創中國不纏足會」的是1877年廈門成立的「戒纏足會」，康有為1883年在家鄉南海成立的「不纏足會」直接得益於前者的啟發。

13　《萬國公報》，臺北：華文書局，1968年影印版，第10冊，第6116頁。

康有為「不纏足」思想的內容及來源

康有為的「不纏足」思想，主要受到《萬國公報》有關「不纏足」文章的影響。據筆者統計，康有為寫作《戒纏足會啟》之前，《萬國公報》上共發表了五篇此類文章。[14]其中1879年3月22日《廈門戒纏足會》所附《戒纏足論》與1882年10月14日《勸戒纏足》完全相同，[15]因此實為四篇。這幾篇文章與康有為《戒纏足會啟》的「不纏足」思想基本一致，康的若干引文和提法甚至直接援引於彼。具體表現在下列幾個方面：

關於中國纏足的起源。《萬國公報》上的文章（以下簡稱《萬》文）一致認為，中國並非自古纏足，其中一篇未論及何時出現，一篇猜測始於妲己，另兩篇認定起源於南唐窅娘。康有為採納了後說：「唐人尚無是俗……作俑者，其南唐之宮嬪窅娘乎？」有趣的是，為了說明唐代尚無是俗，《裹足論》引證了唐朝韓偓的詩句「六寸膚圓光致致」。康有為在文章中，以同樣的論證方式引證了同一句詩。

關於纏足的危害。首先是害人生理。《萬》文在說明「眉目髮膚，先天者也」的前提下，列舉了纏足對女子生理的損害：「至若纏足一事，則自傷肢體」，「以致皮肉潰爛，疼痛號泣，艱於步履，忍受終身之苦厄」，實為「無故而加以荊刖之刑」。康有為同樣認為：「夫天之生人，指趾完美」，纏足「傷人之肌」，「以屈屈而纖之，拳曲臃腫，是古之刖刑也」。其次，纏足違背人性。《萬》文紛紛揭露：「觀纏足之時，緊紮呼痛，母即酷打其女，強使之痛楚難堪。旁觀之人每為傷心，其父母反鐵石心腸，

14　依次為：《裹足傷仁》，1875年4月24日，《萬國公報》第2冊第919頁。《革裹足敝俗論》，1877年2月10日，同上第6冊第3422頁。《裹足論》，1878年8月31日，同上第9冊第5364頁。《廈門戒纏足會》，見本書120頁③，1879年3月22日。《勸戒纏足》，1882年10月14日，《萬國公報》第15冊第9372頁。

15　兩文均為抱拙子著。前文注明為作者記錄葉牧師講演。後文當為抱拙子事隔三年後以自己名義重新發表的葉牧師講演記錄。

絕無惻隱。嗚呼，殘忍若是。」「豈有以同類伉儷之助而殘戕其體以快吾心乎。其為傷生理、恣荼毒、造永劫，蓋莫此之為甚也。」康有為則悲憤地譴責：纏足之際，「號哭之聲騰溢戶外，見者未有不憐其無辜而以為當然也」。纏足者「不出於他人而出於父母。專傷生人之肌，壞骨肉之恩，損天性之親，天下之悖理傷道莫此為甚」。最後，纏足嚴重影響婦女生活。《萬》文作者與康有為不約而同地注同情於下層勞動婦女。《革裹足敝俗論》：「其在富貴之家，居繡閣，弄嬌姿，有攣腕蹜躄之苦，而無奔走勞瘁之憂。若其為莊農貧困者流，或勞力于田原，或傭身於衣食，或懷抱子女而不得已，或時值妊育而不得安，甚至病體殘軀，失目跛足，乞丐為生，皆不得步履如常。一體纏裹，嘻，伊何罪庶而概從臏之也乎，此誠非仁人君子之所忍觸目者矣。」康有為以近似的口吻寫道：「其富貴之家，婢扶媼擁尚有扶壁愁眉者焉。若貧賤者，十之八九親井臼躬烹……其苦至矣。若猝然遭非常之變、踐不測之故……以致毀筋絕骨、失身喪命者不可勝數。其他尚不忍言也。豈不痛哉！」

關於纏足禁而不止的原因。《萬》文眾說紛紜，與康有為比較接近的說法為：「我朝疊次覃恩禁革而天下殊觀望仍舊而不更新」的原因，一是「地方官之不能欽承旨命，善與革舊也」；二是「己獨然而人皆否此」，「不惟不裹者無與為婚，即裹不至小者亦將相與鄙之」。於是「裹足之俗」便成為「必然之勢」。康有為回顧了清世祖嚴禁裹足的措施，指出「流俗而靡變」的原因，一是「以為妻妾之辨在此」的「風俗之敝」，二是「以婚姻之難在此」的個人獨進的困頓。

關於不纏足運動的目的。有的文章認為是「除婦女之災……勿傷天地好生之德焉」；有的文章把去除「造作」，恢復「自然」之人生，以使「天下萬民皆行古之道矣」視作目的；有的乾脆歸結為恢復上帝創造人類的初

始形態。康有為吸取了它們的精華，更進一步，明確表示「不纏足運動」的目的在於：「順天理、奉王制，全生人之體、完父子之恩」，「出千萬女子於殘傷中」，「使千年之惡俗一旦滌蕩」。

簡短的結論

歸納上文的敘述，我們可以得出結論：康有為《戒纏足會啟》一文，在追求人的自然、健康的發展，反對舊綱常（「風俗」）對人、特別是對婦女的壓抑以及主張男女平等（否定「妻妾之辨」）三個方面，從婦女解放的角度接觸到了中國啟蒙思想的核心問題；[16]更因為該文不僅是關於婦女解放的理論宣言，而且也成為維新志士推動全國婦女解放運動的行動綱領，[17]因此它就在研究康有為早期思想、中國婦女運動史乃至中國啟蒙思想史上有了重要的地位。

但是我們又應當看到，康有為思想不是無源之水、無本之木。他的《戒纏足會啟》一文和「不纏足」思想，明顯受到新教人道主義的影響，具體說來，受到《萬國公報》所刊有關「不纏足」文章的影響。他也並非「首創中國不纏足會」之人。實事求是地說明這些問題，無損於康有為在中國近代啟蒙思想史上的地位，反而使得康有為其人更加真實可信，人們認識康有為思想的發展也才有規律可循。

16　參見本書第一章。
17　1895年康有為與其弟康廣仁成立的「粵中不纏足會」亦以此為綱領。

後 記

　　三年前錢宏兄來京訪我，談及醞釀中的「國學大師叢書」編寫計畫，我不禁為其有見地的識思怦然心動。是日談至午夜始散。及至日後錢宏兄約我寫作《康有為評傳》，雖自忖才學未逮，仍慨然應允。不料東瀛一行，匆匆兩年間未能動筆。去年三月歸國後，乃下定決心，知難而進。寫作中，原來的預料果然應驗，康氏學問的博大與思想的深邃，時時令我感到無能與乏力，諸位大方之家康有為研究的大作更使我自愧弗如。幸好師友在旁，不時切磋。今日束稿，心情卻未敢輕鬆。

　　我研究康有為始於在清華大學思想文化研究所準備碩士論文之日。導師劉桂生教授常以清華學術傳統教導我輩，數年荏苒，其教誨不曾須臾忘懷，著書行文思有新見始敢捉筆。檢點下來，幾年間康有為研究方面的心得，不過寥寥數篇，敷衍成書，自然缺憾非小。時近「年關」，錢宏兄討債上門，方狠狠心，勉強殺青。通讀一年間拉拉雜雜寫下的稿子，雖略有心得，但拘泥於思想學術和不重複前人話語，生平敘述過簡，思想分析嫌多，恐難符合錢宏兄兼備文學性與學術性的撰稿要求。然時間關係，修改補充已不現實。知我罪我，一任諸君。

本書收集資料與寫作過程中，日本東京大學丸山松幸、近藤邦康、佐藤慎一、村田雄二郎，岡山大學石田米子和名古屋學院大學竹內弘行諸位先生多有指教，特別是村田雄二郎先生和竹內弘行先生以珍貴資料見贈尤令我感動。本書原應完成於東京大學訪問研究期間，後因工作需要提前歸國。丸山松幸教授允我回國繼續寫作，並於百忙中寫來了熱情鼓勵的序言。我願以此書獻給丸山松幸先生及在日期間給我以幫助的各位師友們。劉桂生師雖調至北京大學工作，耳提面命，一如既往，序言中不乏對我輩後學的期望之情。三聯書店潘振平兄于全書結構、行文方面亦有示教。此外，清華大學思想文化研究所程鋼兄助我譯校了英文提要。借此一併致謝！

作者1994年1月於清華園

昌明文庫·悅讀人物 A0603023

康有為評傳

作　　　者	董士偉	
版權策畫	李　鋒	
發 行 人	陳滿銘	
總 經 理	梁錦興	
總 編 輯	陳滿銘	
副總編輯	張晏瑞	
編 輯 所	萬卷樓圖書股份有限公司	
排　　　版	菩薩蠻數位文化有限公司	
印　　　刷	維中科技有限公司	
封面設計	菩薩蠻數位文化有限公司	

出　　　版　昌明文化有限公司
桃園市龜山區中原街 32 號
電話 (02)23216565
發　　　行　萬卷樓圖書股份有限公司
臺北市羅斯福路二段 41 號 6 樓之 3
電話 (02)23216565
傳真 (02)23218698
電郵 SERVICE@WANJUAN.COM.TW
大陸經銷
廈門外圖臺灣書店有限公司
電郵 JKB188@188.COM

ISBN 978-986-496-122-1
2019 年 9 月初版二刷
2018 年 1 月初版一刷
定價：新臺幣 240 元

如何購買本書：
1. 劃撥購書，請透過以下郵政劃撥帳號：
　帳號：15624015
　戶名：萬卷樓圖書股份有限公司
2. 轉帳購書，請透過以下帳戶
　合作金庫銀行　古亭分行
　戶名：萬卷樓圖書股份有限公司
　帳號：0877717092596
3. 網路購書，請透過萬卷樓網站
　網址 WWW.WANJUAN.COM.TW
大量購書，請直接聯繫我們，將有專人為您
服務。客服：(02)23216565 分機 610

如有缺頁、破損或裝訂錯誤，請寄回更換
版權所有·翻印必究
Copyright©2018 by WanJuanLou Books CO.,
Ltd.All Right Reserved　　**Printed in Taiwan**

國家圖書館出版品預行編目資料

康有為評傳 / 董士偉作.-- 初版.-- 桃園市：
昌明文化出版 ；臺北市：萬卷樓發行,
2018.01
　　面 ；　　公分.-- (昌明文庫. 悅讀人物)
ISBN 978-986-496-122-1(平裝)
1.康有為　2.傳記
782.884　　　　　　　　　　　　107001386

本著作物經廈門墨客知識產權代理有限公司代理，由百花洲文藝出版社授權萬卷樓圖
書股份有限公司出版、發行中文繁體字版版權。